Ich habe eine neues schwarzer Lamborghini. verkauft,

aber Ich bin mehr stolz von meine 10 Bücherregals.

German in Review

Classroom Manual

Übungsbuch der deutschen Grammatik

FOURTH EDITION

stolz

Oh mann Ich habe das iPhone 10 gekauft

#besitzen

GERMAN IN REVIEW

Classroom Manual
Übungsbuch der deutschen Grammatik
FOURTH EDITION

Kimberly Sparks   Van Horn Vail

Middlebury College

THOMSON
HEINLE

Australia Canada Mexico Singapore Spain United Kingdom United States

THOMSON

HEINLE

German in Review, *Übungsbuch der deutschen Grammatik*, Fourth Edition
Kimberly Sparks Van Horn Vail

Publisher:
Janet Dracksdorf

Director of Marketing:
Lisa Kimball

Project Management:
Argosy

Senior Editor:
Sean Ketchem

Senior Print Buyer:
Mary Beth Hennebury

Cover Designer:
Circa 86

Production Editor:
Eunice Yeates-Fogle

Compositor:
Argosy

Printer:
Globus Printing

ISBN: 0-8837-7037-7

For permission to use material from this text or product contact us:
Tel   1-800-730-2214
Fax   1-800-730-2215
Web www.thomsonrights.com

Preface

To the Student

The Fourth Edition of *German in Review* provides you, the student, with three ways to review and practice your knowledge of German.

1. The **Lehrbuch** reference text, which provides grammar explanations and activities with a specific focus on the structure being reviewed.
2. The QUIA Online Activities, which allow you to do the **Lehrbuch** activities in an easy-to-navigate online environment. The software provides immediate feedback and assessment, letting you quickly focus on where you need to build your skills. You can learn more about the QUIA Online Activities by visiting the QUIA Web site at **http://quia.heinle.com**.
3. The **Übungsbuch** Classroom Manual, which begins with activities familiar from the **Lehrbuch**, gradually progressing to open-ended partner and group work, as well as reading activities using short texts. More information regarding the Classroom Manual follows below.

Using the Classroom Manual

The Classroom Manual confirms and extends the skills you have gained from your study of the main text. In each chapter of the main text, the earliest exercises in a sequence have presented you with minimal choices that let you review a grammatical topic from the ground up. The later exercises of a sequence have asked you to demonstrate your competence when presented with all of the choices the topic can offer.

The early exercises of each chapter of the Classroom Manual begin at the level of the later exercises in the main text. They offer a completely new set of sentences that will confirm what you have learned through self-study of the main text. Later exercises in the Classroom Manual present you with a broad range of new situations and contexts that focus on conversational situations and on the challenges of everyday life in Germany. Some chapters of the Classroom Manual offer explanations and exercises that expand on the grammatical explanations in the main text.

In-class Exercises

The primary emphasis of the Classroom Manual is on spoken German, and almost all of the exercises—including those based on the reading pieces at the end of each chapter—are designed to be performed *orally*. (The blank lines in many of the exercises offer you the chance to complement your oral performance with writing practice—this at your option or at the option of your instructor.)

Every chapter of the Classroom Manual follows the same basic pattern:

1) Exercises with predictable responses

Each chapter begins with exercises that elicit a single, predictable response. But unlike the exercises of the main text, sentences in the Classroom Manual occur once and only once and are often found in mini-dialogues, sentence completions, narratives, and other formats not used previously. All of these exercises can be used for advanced self-study or for in-class work.

2) Open situations

These exercises present you with situations that give you more latitude in formulating your responses. You are encouraged to combine both linguistic competence and imagination in what is essentially free and creative use of German. Your ability to do so with accuracy has been effectively guaranteed by the careful sequencing of the preceding exercises.

3) Readings

The readings at the end of Chapters 1–13 offer you a chance to interact with a longer narrative whose grammar is highly reflective of the topic of the lesson. Each piece is followed by questions that you can either answer orally in class or hand in as written homework.

Vocabulary Assistance

The aim of the Classroom Manual is to present themes and vocabulary that will be useful to you in your study of German and things German; the emphasis throughout is on real-life situations and on modern conversational German.

1) End-of-level Vocabularies

At the end of each level of every chapter there is an alphabetized list of the vocabulary used in that level.

Chapter Two, for example, has three levels and each of these levels has its own vocabulary list.

2) Vocabularies for the Readings

The readings at the end of each of the first thirteen chapters of the Classroom Manual show how the structures you have been practicing can occur in extended contexts. Each of the readings has its own vocabulary list, which is separate from the end-of-level vocabulary. Entries in the reading vocabulary are not alphabetized, but rather are *listed in the order of their occurrence*—this for your convenience.

Internet Web site with Answer Keys

The Internet Web site for *German in Review* also contains answer keys to those exercises in the Classroom Manual that have predictable responses. Exercises that give you latitude in your responses are not keyed. The address is **http://gir.heinle.com**. The site is not password-protected and you are encouraged to download the keys.

Kimberly Sparks
Van Horn Vail

Contents

Basic Sentence Structure

1

A. Mini-dialogues: forms of der, ein-words, and personal pronouns. Complete the following exchanges by filling in the blanks. (If you aren't certain of the meaning or the gender of some words, check the end-of-chapter or end-of-level vocabulary list.)

1. A: Wo sind mein_____ Jeans?

   B: _____ liegen auf dem Bett.

(They)

2. A: He! Warum wirfst du d_____ Brot weg?

   B: _____ ist über zwei Wochen alt!

(It)

3. A: Ich sehe mein_____ Wagen nicht.

   B: Wie sieht _____ aus?

(it)

   A: Es ist ein roter Mercedes.

   B: So ein_____ Wagen verliert man nicht leicht.

4. A: D_____ Erdbeeren sind besonders gut.

   B: _____ kommen aus Spanien.

(They)

5. A: Weißt du ihr_____ Telefonnummer?

   B: Moment, ich sag' _____ _____ gleich.

(it)   ([to] you)

   A: Hast du auch ein_____ Telefonkarte?

   B: Brauchst du sonst noch was?

6. A: D___ Pulli steht dir besonders gut.

   B: Finde ich auch, aber ich brauche ein_____ Nummer größer. Siehst du hier irgendwo ein_____ Verkäufer?

7. A: Wie oft besuchst du dein_____ Eltern?

   B: Ich sehe _____ nicht sehr oft, aber ich schreibe _____ fast jede Woche.
            (them)   ([to] them)

B. *Order of objects.*

a. Replace the *direct object* with a personal pronoun, making the necessary change in word order. Remember, even a long noun phrase can be replaced by a single personal pronoun.

> EXAMPLE: Sagen Sie mir *Ihre neue Adresse.*
> Sagen Sie *sie* mir.

1. Borgst du mir *deinen grünen Pulli?*

   _____ ?

2. Wir zeigen euch *unser Ferienhaus im Schwarzwald.*

   _____ .

3. Bitte, reich mir *das Salz.*

   _____ .

4. Wir schicken meinen Eltern *die Fotos von der Reise nach New York.*

   _____ .

5. Waldi! Bring mir *den Knochen*!

   _____ .

6. Ich zeige meinem Anwalt *Ihre Gegenofferte.*

   _____ .

b. Replace the *indirect object* with a personal pronoun.

> EXAMPLE: Ich zeige es *dem Chef* sofort.
> Ich zeige es *ihm* sofort.

1. Gibst du *der Kellnerin* ein Trinkgeld?

   _____ ?

2. Ich sage es *meinen Eltern.*

   _____ .

3. Wir kaufen *unserem Enkel* einen Teddybär.

   _____ .

4. Er gibt *seiner Tochter* sein altes Auto.

   _____ .

5. Wir bringen *den Kindern* etwas mit.

   _____ .

6. Ich zeige es *meinem Anwalt.*

   _____ .

c. Complete the following sentences by putting the objects in their correct order.

1. Sag _____ deine neue Telefonnummer
                                                      mir

   _____   sie
                                                      mir

2. Ich erkläre_____   es
                                                      euch

3. Jede Woche schreibt er _____ einen langen Brief
                                                      seiner Freundin

   _____   einen langen Brief
                                                      ihr

4. Wir schicken _____   die Fotos
                                                      meinen Eltern

   _____   die Fotos
                                                      ihnen

   _____   sie
                                                      ihnen

5. Ich zeige _____   den Brief
                                                      meinem Anwalt

   _____   ihn
                                                      meinem Anwalt

   _____   den Brief
                                                      ihm

   _____   ihn
                                                      ihm

C. Order of adverbs. *Incorporate the boldfaced word(s) into the basic sentence. Then build the next boldfaced expression into your new sentence.*

EXAMPLE: Ich schicke es dir.

Ich schicke es dir morgen_____ . **morgen**

Ich schicke es dir morgen per UPS_____ . **per UPS**

1. Gehen Sie ins Theater?

_____ ? **Freitagabend**

_____ ? **mit uns**

2. Ich fahre nach Frankfurt.

_____ . **einmal die Woche**

_____ . **mit der S-Bahn**

3. Er arbeitet im Büro.

_____ . **allein**

_____ . **immer**

_____ . **nicht**

4. Bleibst du in Hamburg?

_____ ? **die ganze Zeit**

_____ ? **bei deinen Eltern**

5. Dann fahren wir.

_____ . **nach Rüdesheim**

_____ . **mit dem Schiff**

6. Wir schicken es Ihnen.

_____ . **per Luftpost**

_____ . **übermorgen**

7. Fliegen Sie?

_____ ? **nach Spanien**

_____ ? **mit Lufthansa**

_____ ? **diesmal**

8. Ich sehe ihn.

_____ . **nicht**

_____ . **heute**

D. The movable time expression.

When it comes to word order, a time expression is the closest thing there is to a free agent. In normal word order it can come after direct and indirect objects:

> Ich schreibe ihr einen Brief **heute**.

It can also come at the head of the sentence, which causes the subject and the verb to invert:

> **Heute** schreibe ich ihr einen Brief.

And without changing the meaning of the sentence in any real way, the time expression can come before a *direct object noun*:

> Ich schreibe ihr **heute** einen Brief.

Incorporate the boldfaced time expressions into the following sentences. The number of blank lines will tell you how many variations are possible. Remember, *beginning* a sentence with a time expression will require you to invert the subject and the verb.

1. Ich esse Fisch.   **heute**

   _____ .

   _____ .

   _____ .

2. Wir kaufen einen neuen Audi.   **morgen**

   _____ .

   _____ .

   _____ .

3. Ich schicke dir Fotos von der Reise.   **in den nächsten Tagen**

   (The whole phrase **Fotos von der Reise** functions as a noun direct object.)

   _____ .

   _____ .

   _____ .

E. Beginning a sentence with other elements.

Using a subject or a time expression in first position is the blandest way to begin a simple sentence. But one can also start off with other adverbial expressions—or even with an object. Except for subjects or time expressions, elements in first position are slightly "showcased," but not so much as to make one raise one's voice or put them in italics.

> EXAMPLE: Ich fahre nie mit dem Bus.
> Mit dem Bus fahre ich nie.

These two sentences are roughly equivalent, but the second calls a little more attention to the adverbial phrase **mit dem Bus**.

a. Vary the following sentences by beginning with the boldface expression. Remember, *beginning* a sentence with anything other than the subject will require you to invert the subject and the verb.

1. Wir haben keinen Videorecorder **zu Hause**.

   _____ .

2. Man trinkt Weißwein **zu Fisch**.

   _____ .

3. Ich kaufe Milch **auf dem Weg nach Hause**.

   _____ .

4. Ich finde **diesen Pulli** toll.

   _____ .

5. Sie schreibt **persönliche Briefe** immer mit der Hand.

   _____ .

6. Wir essen **Lachs** besonders gern.

   _____ .

b. But sometimes putting an element at the beginning of a sentence *is* the equivalent of putting it in italics—or of raising one's voice. Think of this as "wounded word order" or the word order of disbelief. Say the following sentences aloud, beginning with the phrases in italics. And remember to hit the first element hard.

(This is primarily an oral exercise, although it may also be written out.)

1. Du schickst deiner alten Mutter *nicht einmal eine Weihnachtskarte*!

   _____ .

2. Er trägt *weiße Socken* zum Smoking!

   _____ .

3. Sie haben sogar *einen Rolls-Royce*!

   _____ .

4. Du sagst *mir aber* kein Wort!

   _____ .

F. Ein ganz normaler Montag. *Describe a typical Monday during your semester in Germany. Begin your sentences with the phrases shown and try to incorporate at least two of the listed elements into each sentence. Keep in mind that the list is meant to be helpful, but not dictatorial, so try some variations of your own.*

Was/Wen	Wo	Wie	Wann
Müsli mit Milch	im Park	mit dem Bus	eine halbe Stunde
eine Pizza	zur Uni	schnell	immer
Brot und Aufschnitt	beim Italiener		meistens auch
Freunde	in der Bibliothek		um zehn
	in der Stadt		zwei Stunden
	ins Bett		manchmal
			nie

Vor dem Frühstück jogge ich _____ .

Zum Frühstück esse ich _____ .

Ein Glas O-Saft (OJ) trinke ich _____ .

Gegen neun Uhr fahre ich _____ .

Meine erste Vorlesung ist _____ .

Zu Mittag esse ich _____ .

Nach dem Mittagessen arbeite ich _____ .

Auf dem Weg nach Hause kaufe ich _____ .

Abends besuche ich _____ .

Ich gehe _____ .

G. Das Wochenende ist bei mir etwas lockerer.   *Now write a free description of what you'd like to do this weekend, starting with Friday evening and finishing with Sunday evening. Give your narrative some color by beginning your sentences with a variety of elements.*

_____

_____

_____

_____

_____

_____

_____

_____

_____

_____

_____

_____

_____

_____

_____

_____

_____

_____

_____

_____

_____

_____

_____

_____

H. Reading.

The break between semesters in Germany is much longer than ours in the U.S. This means that Becky Smith, who is spending her junior year in Munich, has time for an extended trip. In the following short piece Becky describes her plans for the break. Read the text below, then check your understanding of it by answering the questions at the end of this section.

Semesterferien
(Semeser Break)

Heute ist der 15. Februar und das Wintersemester ist endlich vorbei. Zwei große Klausuren und zwei lange Hausarbeiten habe ich hinter mir. Gott sei Dank!! Meine Noten bekomme ich erst im Sommersemester. Vielleicht besser so. Ich komme aus Florida und verbringe mein Junior Year hier an der Uni München. Becky heiße ich, Becky Smith. Becky geht noch, aber Smith ist für viele Deutsche schwer; sie sagen Smiss oder Smitt—manchmal auch Schmidt oder sogar Schmiss. Gut, dass ich nicht Thatcher heiße—Becky Sätscher, Becky Tätscher.

Hier in Bayern erlebe ich meinen ersten richtigen Winter; eine Woche lang waren die Tageshöchst-temperaturen zwischen 5 und 10° *minus*. Bei uns zu Hause ist eine Temperatur von 0° Celsius eine große Seltenheit und Schnee gibt es so gut wie gar nicht. In zwei Tagen fahre ich mit drei deutschen Freunden nach Innsbruck in Österreich und von dort nach Mayrhofen, einem Dorf im Zillertal. Mayrhofen liegt hoch in den Alpen—fast an der italienischen Grenze. Wir machen dort eine Woche Skiurlaub, das heißt eine Woche Urlaub für meine Freunde und eine Woche Skiunterricht für mich. Meine Freunde sind alle aus Bayern und stehen seit frühester Kindheit auf Brettern, wie man hier sagt. Dagegen stehe ich—oder sitze ich—jeden Morgen zwei Stunden auf der Idiotenpiste. Und nach dem Mittagessen schwitze ich eine Stunde in der Sauna. Aaah, die Wärme, die selige Wärme!

Meine Freunde—Rudi, Fanny und Toni—fahren jedes Jahr nach Mayrhofen und übernachten immer in derselben kleinen Pension. Sie sagen, es ist ganz besonders gemütlich. Man isst dort sehr gut und es ist gar nicht teuer. Abends sitzt man vor einem großen offenen Holzfeuer und erzählt wilde Ski-Geschichten und trinkt Glühwein. Für mich ist das alles neu. Bei uns in Florida heißt Ski fahren nur Wasserski fahren; es hat mit Schnee nichts zu tun. Und Mitte Februar liegen wir schon am Strand. Hochsaison für Sonnenhungrige.

Nach unserer Woche in Mayrhofen fahre ich allein für eine zweite Woche nach Italien, vielleicht sogar nach Sizilien, dem Land wo die Zitronen blühen, denn das Sommersemester beginnt erst im April. Zitronen- und Orangenbäume vermisse ich sehr. Und vor allem die Sonne. Aber Heimweh? Keine Spur. Ha!

Vocabulary for the Reading*

die **Klausur, –en**   written final exam
die **Hausarbeit, –en**   course paper
die **Note, –n**   grade, mark
manchmal   sometimes
erleben   to experience
null Grad (0°) Celsius   zero centigrade
die **Grenze**   border
der **Skiurlaub**   ski holiday
der **Skiunterricht**   skiing lessons
die **Bretter**   skis (slang), lit.: boards
die **Idiotenpiste**   beginner's hill
schwitzen   to sweat

die **Wärme**   warmth
selig   blessed
die **Pension**   pension, small inn
das **Holzfeuer**   wood fire
der **Glühwein**   mulled wine
Sonnenhungrige   (plural adj. noun) sun wor-
  shippers
die **Zitrone, –n**   lemon (tree)
blühen   to bloom
das **Heimweh**   homesickness
keine Spur   no way, lit.: not a trace

Questions

1. Woher kommt Becky?

_____ .

2. Was macht sie in Deutschland?

_____ .

3. Wie schreibt man die deutschen Variationen von Beckys Nachnamen (last name)?

_____ .

4. Wie nennen deutsche Studenten das *Fall*- oder *Spring*-Semester?

_____ .

5. Im wievielten (the "how-many-eth") Studienjahr ist Becky?

_____ .

6. Wie lange bleibt Becky in Mayrhofen?

_____ .

7. An der Grenze zwischen Österreich und welchem anderen Land liegt Mayrhofen?

_____ .

8. Wie kann man in Mayrhofen wieder warm werden?

_____ .

9. Wie nennt man in deutschsprachigen Ländern ein kleines, informelles Hotel?

_____ .

10. Ist es das erste Mal in Mayrhofen für Rudi, Fanny und Toni?

_____ .

11. Woran denkt Becky, wenn sie das Wort *Skifahren* hört?

_____ .

_____

*Vocabulary entries for the readings are listed in the order of their occurrence. They are not included in the
chapter vocabulary.

12. Fichten (spruces) und Tannen (firs) sind typische Bäume für Bayern und Österreich. Was für Bäume sind typisch für Sizilien und Florida?

_____ .

13. Also, hat Becky Heimweh oder nicht? Warum sagen Sie das?

_____ .

_____ .

Vocabulary for Chapter One

*   strong verb
•   separable prefix
(s) verb with auxiliary sein

der	**Anwalt, ¨e** lawyer		der	**O-Saft** OJ (orange juice)
der	**Aufschnitt** cold cuts			**per** by, via
	borgen _here_: to loan, lend		das	**Foto, –s** photo, picture
der	**Chef, –s** boss		der	**Pulli, –s** sweater
	diesmal this time		die	**S-Bahn** city and suburban rapid transit
der	**Enkel, –** grandson		das	**Salz** salt
die	**Erdbeere, –en** strawberry		der	**Schwarzwald** Black Forest
die	**Fähre, –n** ferry		die	**Semesterferien** (pl.) semester break
das	**Ferienhaus, ¨er** vacation home		der	**Smoking** tuxedo
die	**Gegenofferte, –n** counteroffer		die	**Socke, –n** sock
	gleich right away			**stehen*** to stand
der	**Italiener, –** Italien			stand, gestanden
	beim Italiener at an Italian restaurant			**jemand(em) gut stehen** to look good on
die	**Jeans** (pl.) (blue) jeans			someone
der	**Knochen, –** bone		das	**Telefon, –e** telephone
der	**Lachs, –e** salmon		die	**Telefonnummer, –n** telephone number
	locker _here_: casual, relaxed		das	**Trinkgeld, –er** tip, gratuity
die	**Luftpost** airmail		der	**Verkäufer, –** salesman
	manchmal frequently, sometimes		die	**Vorlesung, –en** lecture
	meistens usually		die	**Weihnachtskarte, –n** Christmas card
die	**Münze, –n** coin		das	**Wochenende** weekend
die	**Nummer, –n** _here_: size			

Verbs

2

LEVEL ONE

A. Imperative clichés: Many expressions are used so often that they have almost become clichés. Use the following elements to form complete commands or suggestions.

1. Kommen / gut nach Hause **(Sie-**form)   (Have a safe trip home.)

   Komm gut nach Haus

2. Vergessen / es / ! **(du-**form)

   Vergess es!

3. Schlafen / gut **(du-**form)

   schlaf gut

4. Sein / still / ! **(ihr-**form)

   Seit still!

5. Halten / deine Klappe / ! **(du-**form)

   Halt deine Klappe!

6. Gehen / jetzt **(wir-**form)

   Gehen jetzt

7. Machen / es gut **(du-**form)   (Take care. Be well.)

   mach es gut

8. Vertrauen / mir **(Sie-**form)

   Vertrauen mir

B. Mini-Dialogues: *Use the following cues to form short dialogues in the present tense.*

1. A: Nehmen / du / Zug / um 7 Uhr / ?

_____

   B: Nein // ich / fahren / etwas später

_____

2. A: Verstehen / du / ihn / ?

_____

   B: Nein // er / sprechen / zu schnell

_____

3. A: Sehen / du / Willi / heute Abend / ?

_____

   B: Ja // er / treffen / mich im Wohnheim

_____

4. A: Kennen / du / Helmut / ?

_____

   B: Ja // er / sein / nett // aber / er / reden / zu viel

_____

5. A: Haben / du / mein Deutschbuch / ?

_____

   B: Ja // ich / bringen / es morgen

_____

   A: Bitte // vergessen / es nicht (imperative)

_____

6. A: Halten / Bus / an der Universität / ?

_____

   B: Nein // er / fahren / nur bis zum Bahnhof

_____

7. A: Was / tun / du / heute Abend / ?

_____

   B: Ich / bleiben / zu Hause // und / arbeiten

_____

   Ich / haben / Prüfung / morgen

_____

8. A: Was / empfehlen / du / ?

_____

   B: Ich / glauben // ich / essen / Schnitzel

_____

   Es / sein / immer gut hier

_____

9. A: Ach Karl // du / sein / auch hier

_____

   Wo / sitzen / du / ?

_____

   B: Wir / sein / da drüben

_____

10. A: Wie / finden / du / das T-Shirt / ?

_____

   B: Klasse // Was / kosten / es denn / ?*

_____

   A: 20 Euro // Was / raten / du / ?

_____

   B: Nehmen (**du**-form) / es doch* (imperative)

_____

_____

*__Denn__ and **doch** are called particles. They don't usually have a literal translation, but they reinforce commands or questions. **Doch** reinforces commands; **denn** reinforces questions.

C. Narratives: *Use the correct form of the verbs in parentheses to complete the paragraphs.*

1. Das Studium an einer deutschen Universität

a. Ich _____ (studieren) Deutsch an der Universität Bonn. Dieses Semester

_____ (belegen) ich 2 Seminare und 3 Vorlesungen. Für jedes Seminar

_____ (schreiben) ich eine Hausarbeit und ich _____ (bekommen) eine

Note*. Aber† die Vorlesungen _____ (sein) nicht benotet, und man _____

(schwänzen) oft.

b. Jede Woche _____ (sein) ich 3 Tage an der Universität. Ich _____

(haben) Lehrveranstaltungen meistens 10 bis 12 Stunden pro Woche. Man _____

(haben) viel Freiheit an einer deutschen Universität. Man _____ (lernen) viel—oder gar

nichts. Und† das _____ (sein) gefährlich.

c. Mein Studium _____ (dauern) von 12 bis 15 Semester. Dann _____

(bekommen) man den Magistergrad. Es _____ (geben) keinen B.A. hier. Hoffentlich

_____ (finden) ich später eine Stellung.

2. Deutsches Studium und Pendelverkehr

Meine Freundin _____ (studieren) jetzt in Berlin. Die Uni _____

(gefallen) ihr sehr gut. Und sie _____ (finden) die Stadt sehr interessant. Natürlich

_____ (haben) sie (she) ein Zimmer im Studentenwohnheim in Berlin. Aber sie

_____ (verbringen) das Wochenende hier in Frankfurt. Und sie _____

(pendeln) immer zwischen Frankfurt und Berlin. Sie _____ (nehmen) den Zug, und das

_____ (dauern) 7 Stunden. Glücklicherweise _____ (haben) sie (she)

Seminare nur dienstags und mittwochs.

---

*German grades (**die Note, –n**) range from 1 to 6, with 1 being the highest.

†**Und** (and), **oder** (or) and **aber** (but) don't have any effect on the word order of the sentences they introduce; that is the
sentences will have the same word order if the words **und** or **aber** are left out.

D. Mein Studium.   *On a separate sheet of paper, describe your own studies or those of a typical American student. Cover at least the following topics. The vocabulary you will need is either glossed in the topics or used in the previous exercise (C. 1. Das Studium an einer deutschen Universität.).*

Topics:

a.   – number of courses **(der Kurs, –e)** per **(pro)** semester
    – how many are lectures and how many are seminars or small classes
    – description of the grading system
    – number of class hours per week

b.   – number of days a week you have classes
    – how many papers you write per semester
    – how many tests **(die Prüfung, –en)** you have per semester
    – number of hours you study **(lernen)** per week

c.   – average number of years most students study
    – the most common degrees **(der Abschluss, ̈-e)**

E. Logical Responses: *Imagine yourself in situations where the following questions could be asked. Then formulate a logical response.*

EXAMPLE: Was tust du heute Abend?

Your answer might be:

Ich lerne. Ich habe eine Prüfung morgen.   (**lernen**: [*here*] to study)

or   Ich treffe Karen im Wohnheim. Dann gehen wir ins Kino.

or   Ich bleibe zu Hause.

What you answer is up to you, but your answers should be complete sentences.

(As a rule, students in Germany address each other using the **du**-form. On the other hand, students and instructors always use the **Sie**-form with each other. You may change the forms of address in the following sentences according to the person you are speaking to.)

1. Kommst du mit uns?

   _____

2. Ach, Sie lesen die Speisekarte schon. Was empfehlen Sie?

   _____

3. Wo wohnt ihr jetzt?

   _____

4. Wer ist der Herr (die Dame) da drüben?

   _____

5. Warum ist Erika so müde?

   _____

6. Wohin fährst du für das Wochenende?

   _____

7. Wie kommen Sie normalerweise zur Universität?

   _____

8. Kennst du Frau Dippmann?

   _____

9. Spricht er gut Deutsch?

   _____

10. Wann gibst du mir mein Deutschbuch?

    _____

F. Exchanges: *Use present tense forms of the following verbs to ask a partner questions. Make up your questions in advance (jot them down below as notes). Be prepared to answer any questions that your partner may ask you.*

EXAMPLES: **essen?**

A: Wo esst ihr meistens?

B: Wir essen meistens in der Mensa.

or   A: Wann esst ihr Frühstück?

B: Wir essen Frühstück um acht Uhr.

or   A: Warum isst du so wenig?

B: Ich habe keinen Hunger.

or   A: Was isst du heute Abend?

B: Ich esse eine Pizza.

1. **machen?**

_____

2. **kennen?**

_____

3. **kaufen?**

_____

4. **kosten?**

_____

5. **lesen?**

_____

6. **schlafen?**

_____

7. **geben**?

_____

8. **fahren?**

_____

9. **treffen?**

_____

10. **nehmen?**

_____

Vocabulary for Chapter Two, Level One

*   strong verb

•   separable prefix

(s) verb with auxiliary **sein**

der **Abschluss, ̈-e** degree

arbeiten to work; study

belegen to take (of courses)

benoten to grade

dauern to take (of time)

empfehlen* to recommend (empfiehlt), empfahl, empfohlen

gefährlich dangerous

glücklicherweise fortunately

die **Hausarbeit, –en** paper; homework

die **Klappe (halten)** to keep one's mouth shut

die **Lehrveranstaltung, –en** course

lernen to learn; to study

der **Magistergrad, –e** Master's Degree

die **Mensa** student dining hall

pendeln to commute

raten* (+ *acc. with things*) (+ *dat. with people*) to advise (rät), riet, geraten

das **Schnitzel, –** cutlet (of meat)

schwänzen to cut (of classes)

die **Stellung, –en** job

treffen* to meet (trifft), traf, getroffen

verbringen* to spend (of time) verbrachte, verbracht

vertrauen to trust

die **Vorlesung, –en** lecture course

das **Wohnheim, –e** dormitory

Verbs

LEVEL TWO

A. Sein *or* Haben. *Fill in the auxiliary verb.*

1. Er _____ da drüben gestanden.

2. Wo _____ er denn geblieben?   (What happened to him? i.e., Where is he?)

3. Das Essen _____ sehr gut geschmeckt.

4. Sie (she) _____ ins Auto gestiegen.

5. Ach! Mein blaues Auge? Ich _____ gefallen.

6. Wie lange _____ Sie gewartet?

7. Was _____ denn hier geschehen?

8. Nein, ich _____ es nicht da gelassen.

9. Wann _____ er gestorben?

B. Mini-Dialogues.   *Put the following short dialogues into the present perfect.*

1. A: Wir fliegen nach Rom.

   _____

   B: Dauert es lange?

   _____

   A: Nur zwei Stunden.

2. A: Wie kommen sie vom Flughafen nach Frankfurt?

   _____

   B: Sie nehmen ein Taxi.

   _____

3. A: Ach, ihr studiert auch in München.

   _____

   Wo wohnt ihr denn?

   _____

   B: Wir haben ein Zimmer im Studentenwohnheim.

   _____

4. A: Gehen Sie zur Apotheke?

   _____

   B: Ja, ich habe Kopfschmerzen.

   _____

   Ich kaufe Aspirin.

   _____

5. A: Ich brauche dringend Geld.

   _____

   B: Suchst du eine Teilzeitarbeit?

   _____

   A: Ja, aber ich finde nichts.

   _____

6. A: Fährt er mit dem Bus nach Hause?

_____

   B: Nein, er läuft.

_____

7. A: Esst ihr heute Abend in der Mensa?

_____

   B: Nein, wir gehen zum Italiener. (**zum Italiener**: colloquial for "ins italienische Restaurant")

_____

C. Mini-dialogues. *Use the following cues to construct short dialogues. Use the present perfect tense.*

1. A: Was / kosten / Jacke / ?

_____

   B: Über 400 Euro.
      Aber / ich / kaufen / [it] / trotzdem

_____

2. A: Ich / kommen / zu spät / zu / Bank

_____

   B: Was / machen / du / ?

_____

   B: Kurt / leihen / mir 20 Euro

_____

3. A: Hören / du / ?

_____

      Hans / werden / furchtbar magenkrank

_____

   B: Was / passieren / ?

_____

   A: Es / sein / ein- / Nahrungsmittelvergiftung

_____

4. A: Herr Ehlers / sterben

_____

      Ich / lesen / es / gestern / in / Zeitung

_____

   B: Ja // aber / er / sein / doch über 80

_____

5. A: Heike / geben / mir Nachhilfestunden in Deutsch

   _____

   B: Helfen / das ?

   _____

   A: Ja // ich / schreiben / eine Eins / in / Prüfung   **(eine Eins schreiben:** to get an A)

   _____

6. A: Was / sein / gestern Abend / ?   (What was up yesterday evening?)

   _____

   B: Wir / haben / Pizza-Party

   _____

   Ute / kaufen / Pizzas

   _____

   Und / Konrad / bringen / Bier

   _____

7. A: Schlafen / du / gut / ?

   _____

   B: Ja // aber / zuerst / lesen / ich / eine Weile

   _____

D. Narratives.   *Complete the following narratives by filling in the blanks. Use the simple past tense of the verbs in parentheses.*

1. *Der verlorene Tag*

Gestern Abend _____ (sein) katastrophal. Kurt und ich _____ (gehen) zur Kneipe. Das _____ (sein) um 9 Uhr. Wir _____ (trinken) Bier, dann Wein, dann wieder Bier. Wir _____ (sitzen) bis 2 Uhr da. Endlich _____ (stellen) der Kellner die Stühle auf die Tische. Aber wir _____ (bleiben) trotzdem. Um 3 Uhr _____ (stolpern) ich nach Hause. Um Mittag _____ (sehen) ich etwas Licht. Aber ich _____ (schließen) die Augen gleich wieder. Zwei Stunden später _____ (schlucken) ich 6 Aspirintabletten. Aber es _____ (helfen) nicht. Dann _____ (schlafen) ich noch 10 Stunden. Endlich _____ (öffnen) ich die Augen. Plötzlich _____ (sein) ich hellwach. Und es _____ (schlagen) gerade Mitternacht.

2. *Wie man reist: Vater und Sohn*

Herr Korn _____ (sein) etwas vorsichtig. Er _____ (lieben) Über-raschungen nicht besonders. So _____ (planen) er seine Reisen ziemlich genau. Er _____ (wissen), was _____ (kommen), und er _____ (genießen) es auch. Er _____ (gehen) zum Reisebüro, und er _____ (bestellen) seine Fahrkarten. Er _____ (finden) seinen Reisepass und _____ (kaufen) Reiseschecks. Er _____ (telefonieren) mit dem Hotel, und er _____ (reservieren) ein Zimmer. Er _____ (reservieren) sogar seinen Tisch im Restaurant. So _____ (sein) seine Reise angenehm und planmäßig.

- -

Dagegen _____ (reisen) sein Sohn ganz anders. Zuerst _____ (bitten) er seinen Vater um 1000 Euro. Dann _____ (steigen) er ins Auto, und er _____ (fahren) los. Seine Reise _____ (sein) auch angenehm, nur sehr viel weniger planmäßig.

E. Reisebeschreibungen. *Describe your trip from Frankfurt to London. Use the present perfect tense to answer the following questions.*

1. Wie sind Sie gereist? (Von der Stadtmitte Frankfurts bis zur Stadtmitte Londons)

   _____

2. Was haben Sie im Voraus geplant und reserviert?

   _____

3. Was haben Sie mitgenommen?

   _____

4. Wo und wie lange sind Sie in London geblieben?

   _____

5. Was haben Sie in London gemacht?

   _____

   _____

6. Was haben Sie da gekauft?

   _____

7. Beschreiben Sie Ihre Rückreise.

   _____

   _____

F. Freitagabend.   On a separate sheet of paper describe what a friend of yours—real or imaginary—did last Friday night. Cover at least the following topics and write two short paragraph in the simple past tense.

Topics:

a.   – Wann ist er (sie) von der Uni nach Hause gekommen?
      – Wie war seine (ihre) Stimmung (mood)?
      – Hat er (sie) eine Verabredung (date) im Voraus gehabt?
      – Mit wem ist er (sie) ausgegangen?
      – Wohin ist er (sie) gegangen?

b.   – Was hat er (sie) am Abend gemacht?
      – Wann ist er (sie) nach Hause gekommen?
      – Wann ist er (sie) ins Bett gegangen?
      – Was hat er (sie) von dem Abend gehalten – am nächsten Tag?

G. Past Perfect. *Use the following cues to form sentences in the tenses indicated. (Each pair of cues contains one past perfect tense.)*

1. Ich / gehen / zu / sein / Büro   (*past*)

   _____

   Aber / er / gehen / schon nach Hause   (*past perfect*)

   _____

2. Es / schneien / sehr viel   (*past perfect*)

   _____

   Aber / Straßen / sein / noch offen   (*past*)

   _____

3. Ich / suchen / das Buch   (*past*)

   _____

   Aber / Kurt / finden / es schon   (*past perfect*)

   _____

4. Ja // er / sein / da   (*past*)

   _____

   Aber // er / essen / schon   (*past perfect*)

   _____

5. A: Zeigen / er / dir die Fotos / ?   (*present perfect*)

   _____

   B: Nein // er / lassen / sie / in / Wagen   (*past perfect*)

   _____

H. Mini-Dialogues: future with werden.   *Use the following cues to form short dialogues in the tenses indicated. (Each short dialogue contains at last one sentence in the future tense.)*

1. A: Brauchen / Sie / Wagen / nicht / ? (*future*)

   _____

   B: Nein // ich / arbeiten / morgen nicht (*present*)

   _____

2. A: Sie / glauben / es nicht / ! (*future*)

   _____

   B: Was denn?

   A: Ich / schreiben / eine Eins in Mathe / ! (*present perfect*)

   _____

3. A: Kommen / er / Freitagabend / ? (*present*)

   _____

   B: Nein // er / bleiben / wohl / zu Hause (*future*)

   _____

4. A: Machen / du / das allein / ? (*present*)

   _____

   B: Nein // Eva / helfen / mir (*future*)

   _____

5. A: Er / haben / wohl / Hunger (*future*)

   _____

   B: Nein // er / essen / schon (*present perfect*)

   _____

I. Logical Responses.   *Imagine yourself in situations where the following questions could be asked. Then formulate a logical response as a complete sentence.*

1. Wie sind Sie am Samstagabend nach Hause gekommen?

_____

2. Warum hast du eine Teilzeitarbeit gesucht?

_____

3. Warum ist Hans so krank gewesen?

_____

4. Ach. Sie waren in München. Wo haben Sie gewohnt?

_____

5. Wie war das Essen in der Mensa heute?

_____

6. War Herr Korff in seinem Büro?

_____

7. Warum bist du zur Apotheke gegangen?

_____

8. Wo habt ihr gestern Abend gegessen?

_____

9. Warum ist er so müde gewesen?

_____

10. Wie sind Sie nach Prag gefahren?

_____

Vocabulary for Chapter Two, Level Two

        *   strong verb
        •   separable prefix
     (s)   verb with auxiliary **sein**

angenehm   pleasant
dringend   urgently, badly
genießen*   to enjoy
   genoss, genossen
geschehen*   to happen
   (geschieht), geschah, ist geschehen
hellwach   wide awake
die **Kneipe, –n**   bar
Kopfschmerzen (pl.)   headache
leihen*   to lend
   lieh, geliehen
magenkrank   sick to one's stomach
Mathe   math
die **Mensa**   student dining facility
die **Nachhilfestunde, –n**   tutoring

die **Nahrungsmittelvergiftung**   food poisoning
planmäßig   predictable
die **Rückreise, –n**   trip back, return trip
schlagen*   to strike
   (schlägt), schlug, geschlagen
schlucken   to swallow
schneien   to snow
die **Stimmung, –en**   mood
stolpern (s)   to stumble
die **Teilzeitarbeit, –en**   part-time job
trotzdem   nonetheless
die **Überraschung, –en**   surprise
die **Verabredung, –en**   date
im Voraus   in advance
vorsichtig   careful

Verbs

LEVEL THREE

A. Sein *or* **Haben.** *Fill in the auxilary verbs.*

1. Sie (she) _____ uns mitgenommen.

2. Nein, er _____ viel früher zurückgekommen.

3. Wann _____ du in Freiburg angekommen?

4. _____ du schon gefrühstückt?

5. Wir _____ am Freitag abgefahren.

6. Wieviel _____ du ausgegeben?

7. Ich _____ erst um 11 Uhr eingeschlafen.

8. Sie _____ plötzlich stehen geblieben.

9. _____ du seinen Brief bekommen?

10. Er _____ mir nicht zugehört.

B. Mini-Dialogues. *Put the following short dialogues into the present perfect tense.*

1. A: Was macht ihr in den Winterferien?

_____

   B: Wir gehen in der Schweiz Ski laufen.

_____

2. A: Warum bleibst du denn stehen?

_____

   B: Ich höre doch etwas.

_____

3. A. Behältst du den Ring?

_____

   B: Nein, ich gebe ihn zurück.

_____

4. A: Holt er dich ab?

_____

   B: Ja, er kommt gleich nach der Arbeit vorbei.

_____

5. A: Wie viel bezahlst du dafür?

_____

   B: Ich gebe eine Menge aus.

_____

6. A: Kapierst du es endlich?

_____

   B: Ja, er erklärt es mir.

_____

7. A: Wo bist du am Montag?

_____

   B: Ich gehe einkaufen.

_____

C. Mini-Dialogues.   *Use the following cues to construct short dialogues in the tenses indicated.*

1. A: Ach // Sie / sein / schon unterwegs (*present tense*)

   _____

      Wann / aufstehen / Sie / ? (*present perfect*)

   _____

   B: Ich / frühstücken / schon um 7 Uhr (*present perfect*)

   _____

2. A: Herr Keiler! // Sie / unterschreiben / Scheck / nicht (*present perfect*)

   _____

   B: Das stimmt.
        Ich / vergessen / es (*present perfect*)

   _____

3. A: Was / tragen / du / heute Abend / ? (*present tense*)

   _____

   B: Ganz einfach // Ich / ausziehen / mein / Pulli // und / ich / anziehen / ein / Sakko (*present tense*)

   _____

4. A: Was / suchen / du // Karl / ? (*present tense*)

   _____

   B: Ich / verlieren / mein / Brieftasche (*present perfect*)

   _____

5. A: Warum / Rainer / aussehen / so deprimiert / ? (*present tense*)

   _____

   B: Er / durchfallen / bei / Prüfung (*present perfect*)

   _____

6. A: Ach // ausmachen / Fernseher (*imperative, **du**-form*)

_____

   Er / sein / zu laut (*present tense*)

_____

   A: Ich / anmachen / ihn gerade (*present perfect*)

_____

   B: Dann / stellen / ihn etwas leiser (*imperative, **du**-form*)

_____

7. A: Kommen / du / zu spät / zu / Flughafen /? (*present perfect*)

_____

   B: Ja // Maschine / abfliegen / schon (*past perfect*)

_____

8. A: Wann / Kai / zurückkommen / ? (*present perfect*)

_____

   B: Spät // Ich / einschlafen / schon längst (*past perfect*)

_____

9. A: Einkaufen / du / schon / ? (*present perfect*)

_____

   B: Nein // ich / erledigen / es noch nicht (*present perfect*)

_____

10. A: Aber / du / vergessen / Termin / nicht / ? (*present tense*)

_____

   B: Nein // ich / aufschreiben / ihn mir (*present perfect*)

_____

D. Narratives. *Use the verbs in parentheses to complete the suggested narratives. Use the simple past tense.*

Ein ganz normaler Tag

1. Gestern Morgen _____ (aufwachen) ich um 7 Uhr _____. Aber ich _____ (liegen) noch eine halbe Stunde im Bett. Um 7.30 _____ (aufstehen) ich _____ und ich _____ (fertigmachen) mich für den Tag _____. Ich _____ (frühstücken) um 8 Uhr und _____ (gehen) zur Uni. Ich _____ (besuchen) 3 Lehrveranstaltungen und dann _____ (lernen) ich ein wenig. Um 5 Uhr _____ (zurückgehen) ich nach Hause _____.

2. Um 6 Uhr _____ (anrufen) ich Klaus _____ und ich _____ (einladen) ihn zum Abendessen _____. Eine Stunde später _____ (vorbeikommen) er _____ und wir _____ (ausgehen) _____. Wir _____ (essen) italienisch und _____ (trinken) ein paar Bier. **(italienisch essen:** in einem italienischen Restaurant essen.) Um 11 Uhr _____ (heimgehen) ich _____. Ich _____ (einschlafen) dann gleich _____.

E. *Zugverbindungen.*

In Germany you take the train very often. The following descriptions of German trains are taken from the official **Kursbuch** (book of train schedules). You either use the name of the train (e.g. **Eurocity**) or its abbreviation (e.g. **EC**).

Schnelle und sehr schnelle Züge. Im Grunde für lange Strecken da: denn sie halten sehr selten.

ICE =	InterCityExpress	Der High-Tech-Zug bei der Deutschen Bahn.
EC	EuroCity	Sie fahren ins Ausland und verbinden viele europäische Länder.
IC	InterCity	Sie verbinden die wichtigsten Städte.
IR	InterRegio	Sie sind für mittlere Entfernungen und verbinden regionale Zentren.

Regionale und Nahverkehrszüge

SE	StadtExpress	Die schnelle Verbindung zwischen größeren Städten in einer Region.
RB	RegionalBahn	Sie verbindet fast alle Bahnhöfe in einer Region.
RE	RegionalExpress	Er ist der schnelle Nahverkehrszug in einer Region. Er verbindet kleine Städte mit den Zentren in einer Region.

The 24-hour clock: German trains use the 24-hour clock. After noon you just add 12 hours to the "normal" time: 4 o'clock in the afternoon is 16 o'clock, 9 o'clock in the evening is 21 o'clock. Minutes are counted from 1 to 59. So

21.47 = einundzwanzig Uhr siebenundvierzig

The following train connections (**Zugverbindungen**) come from the most recent „**Kursbuch**". B's answers are exactly what you might hear at the information booth in a German railroad station.

Describe the following trips in the present tense.

1. A: Welche Verbindungen gibt es mittags zwischen Frankfurt und Leipzig?

   B: a) IC* 651 / abfahren / 11.23 / Frankfurt // und / ankommen / 14.47 / Leipzig

   _____

   b) Oder / IR 2157 / abfahren / 12.23 / Frankfurt // und / ankommen / 15.45 / Naumburg

   _____

   Hier / Sie / umsteigen

   _____

   IR 2755 / abfahren / 16.02 / Naumburg // und / ankommen / 16.58 / Leipzig

   _____

---

*All references to trains (**IC, Intercity, IR, Interregio**, etc.) are masculine, with the exception of *die* **Regionalbahn.**

2. A: Wie fahre ich von Mainz nach Paris? Ich will am späten Nachmittag in Paris ankommen.

   B: Sie / nehmen / EC 5 und EC 66

_____

Sie / einsteigen / 9.52 / Mainz // und / aussteigen / 10.57 / Karlsruhe

_____

Hier / Sie / umsteigen

_____

Sie / einsteigen / 11.11 / Karlsruhe // und / aussteigen / 16.22 / Paris

_____

3. A: Ich will kurz nach 6 Uhr abends von Heidelberg nach Stuttgart fahren.

   B: a) Sie / nehmen / RE 3047

_____

   Sie / abfahren / 18.10 / Heidelberg // und / ankommen / 19.35 / Stuttgart

_____

   b) Oder / Sie / nehmen / SE 3176 und IR 2269

_____

   Sie / abfahren / 18.37 / Heidelberg // und / ankommen / 18.56 / Mannheim

_____

   Sie / umsteigen / Mannheim

_____

   Sie / einsteigen / 19.10 / Mannheim // und / aussteigen / 19.55 / Stuttgart

_____

F. Zugverbindung direkt von der Deutschen Bahn.   *Use the following information from German time-tables to describe the suggested trips. Use the present tense, as you did in Exercise E.*

  1. *Von München nach Hamburg*

    ab: München / 11.23 / ICE 588

    an: Hamburg / 16.52

    _____

    _____

  2. *Von Wien nach Mainz*

    ab: Wien / 9.00 / EC 64

    an: München / 13.38

    ab: München / 13.45 / ICE 592

    an: Mainz / 17.16

    _____

    _____

    _____

    _____

    _____

  3. *Von Wiesbaden nach Berlin*

    ab: Wiesbaden / 6.33 / SE 3491

    an: Frankfurt / 7.05

    ab: Frankfurt / 7.19 / ICE 696

    an: Berlin / 12.11

    _____

    _____

    _____

    _____

4. *Von Freiburg nach Frankfurt*

    ab: Freiburg / 6.52 / IC 504

    an: Mannheim / 8.26

    ab: Mannheim / 8.41 / RE 3508

    an: Frankfurt / 9.51

    _____

    _____

    _____

    _____

    _____

G. Logical Responses: *Imagine yourself in situations where the following questions could be asked. Then formulate a logical response as a complete sentence. Use the cue-words in parentheses in your answers.*

1. Was hast du heute Morgen gemacht? (auf•wachen // auf•stehen)

    _____

2. Was hat dein Mantel gekostet? (aus•geben)

    _____

3. Wo bist du am Mittwoch gewesen? (aus•gehen)

    _____

4. Was macht ihr nach Feierabend? (fern•sehen)

    _____

5. Was tragen Sie heute Abend? (an•ziehen)

    _____

6. Was ist denn mit dem Scheck los? (unterschreiben)

    _____

H. *Ein normaler Tag.*

a. Describe a normal day in your own life. For each verb or question formulate at least one complete sentence in the present perfect tense. Try to use prefixed verbs wherever possible.

1. — aufwachen

_____

— aufstehen

_____

— frühstücken

_____

— gehen (wohin? warum?)

_____

2. — Was haben Sie am Tag gemacht?

_____

— Was haben Sie am Abend gemacht?

_____

— Wann sind Sie ins Bett gegangen? Eingeschlafen?

_____

b. On a separate sheet of paper use your answers to part a as the basis for a longer paragraph. Write at least nine sentences in the simple past tense.

I. Reading.

Ein Telefongespräch

Everybody has sat in a room while a friend answers the phone. Even though you can't hear what the caller is saying, your automatic urge is to imagine the other side of the conversation. Read what Lori Kindermann says and try to reconstruct Anke Hildebrandt's side of the conversation. Lori answers the phone by giving her last name, which is the standard way to answer the phone in Germany.

Lori: Kindermann.

Anke: _____

Lori: Ach, Anke, du bist es endlich. Wo warst du den ganzen Tag? Ich habe x-mal bei dir angerufen.

Anke: _____

Lori: Samstag im Büro? Schäm' dich, du Streber! Du, warum ich dich sprechen wollte: kannst du nächsten Freitag zu uns kommen?

Anke: _____

Lori: Super! Bring jemand mit, dann sind wir sechs am Tisch.

Anke: _____

Lori: Du willst *wen* mitbringen?

Anke: _____

Lori: Natürlich kenne ich den—noch von der Uni her. Ich bin sogar einmal mit ihm ausgegangen. So ein Chauvi!

Anke: _____

Lori: O.K., O.K., bring ihn mit, wenn's sein muss. Wenigstens sieht er gut aus. Und ich bin froh, dass *du* kommen kannst. Also tschüs bis Freitag! Wiederhören....

Anke: _____

Vocabulary for the Reading

x-mal (einmal, zweimal, x-mal)   again and again
Schäm dich!   Aren't you ashamed!

der Streber   ambitious creature
der Chauvi(nist)   chauvinist

Vocabulary for Chapter Two, Level Three

*   strong verb

•   separable prefix

(s)   verb with auxiliary **sein**

ab•fahren*   to leave
(fährt . . . ab), fuhr . . . ab,
ist abgefahren

an•kommen*   to arrive
kam . . . an, ist angekommen

auf•schreiben*   to write (something)
down
schrieb . . . auf, aufgeschrieben

aus•steigen* to get off, out of (a train,
car, etc.)
stieg . . . aus, ist ausgestiegen

die **Brieftasche, –n**   wallet

deprimiert   depressed

durch•fallen*   to fail, flunk
(fällt . . . durch), fiel . . . durch,
ist durchgefallen

ein•kaufen   to shop, do the shopping

ein•steigen*   to get on, in (a train,
car, etc.)
stieg . . . ein, ist eingestiegen

die **Entfernung, –en**   distance

erledigen   to take care of

der **Feierabend**   time one leaves work

kapieren   to understand (slang)

längst   long before

lernen   to study; to learn

die **Menge**   a lot; crowd

der **Nahverkehrszug, ̈-e**   local train

der **Sakko, –s**   sportcoat

der **Termin, –e**   appointment

um•steigen*   to change trains
stieg . . . um, ist umgestiegen

unterwegs sein   *here*: to be up and about

verbinden*   to connect
verband, verbunden

die **Verbindung, –en**   connection

Adjective Endings

3

LEVEL ONE

A. Der-words: Substitution. *Replace the underlined nouns with the nouns in parentheses, making the necessary changes in the **der**-words, and, if needed, in the verb forms.*

1. Diese <u>Pizza</u> schmeckt sehr gut. (das Schnitzel)

   _____

2. Zu welchem <u>Hotel</u> gehst du? (die Apotheke)

   _____

3. Das ist eine Frage der <u>Zeit</u>. (das Geld)

   _____

4. Welche <u>Jacke</u> nimmst du? (der Sakko)

   _____

5. Ist dieser <u>Platz</u> frei? (Plätze [*pl.*])

   _____

6. Fahrt ihr mit der <u>Straßenbahn</u>? (der Bus)

   _____

7. Gut, ich nehme die <u>Hose</u>. (das Hemd)

   _____

8. Mein Wagen steht vor der <u>Garage</u>. (das Haus)

   _____

9. Welchen <u>Rock</u> trägst du heute Abend? (die Bluse)

   _____

10. Dieses <u>Steak</u> ist angebrannt. (die Pizza)

    _____

B. Der-words: fill-ins.   *Supply the correct endings.*

1. A: Wie wird d____ Wetter heute?

   B: Ich weiß nicht. Ich habe d____ Wetterbericht (masc.) nicht gehört.

2. A: Vergessen Sie d____ Tüten (pl.) nicht.

   B: Aber dies____ Sachen gehören mir nicht.

3. A: Fährst du mit dies____ Stadtexpress (masc.)?

   B: Nein, ich fahre nur mit d____ Intercity-Züge____.

4. A: Welch____ Marke Kaffee kaufst du?

   B: Irgendwelch____. D____ Kaffee (masc.) muss nur koffeinfrei sein.

5. A: Wo kommt dies____ Wein her?

   B: Er kommt aus d____ Rheinpfalz (fem.).

6. A: Nimmst du d____ Auto heute?

   B: Nein, ich fahre mit d____ Bus.

*C. **Mini-Dialogues:**   Use the following cues to form short dialogues using the present tense. You can use both **der**-words and **ein**-words, which you already know from Chapter One.*

1. A: Schön // ich / nehmen / Zimmer

   _____

   B: In Ordnung // Bitte / ausfüllen / Sie / dies- / Formular (neut.) (imperative)

   _____

2. A: Wo / sein / Scheckbuch / ?

   _____

   Ich / finden / es nicht

   _____

   B: Es / liegen / auf / Esstisch

   _____

3. A: Wie / finden / du / dies- / Rock / ?

   _____

   B: Er / sein / schick

   _____

   Kaufen / [it] / doch / ! (imperative: **du**-form)

   _____

4. A: Dies- / Pizza / sein / angebrannt / !

   _____

   B: Zurückschicken / [it] / doch / !

   _____

5. A: Ich / nehmen / dies- / Vollkornbrot (neut.)

   _____

   B: Das / machen / 2,50 Euro

   _____

6. A: Wo / sein / Helke / ?

_____

    Ich / suchen / sie / überall

_____

B: Da drüben // Sie / kommen / gerade / aus / Bibliothek

_____

D. Genitive case. _Supply the correct genitive endings._

1. Hast du die Telefonnummer d____ Taxizentrale?

2. Da drüben sind die Abfahrtzeiten d____ Busse.

3. Wer ist der Besitzer dies____ Wagen____?

4. Ja, dieser Teil d____ Stadt ist nicht besonders schön.

5. Das ist eine Frage d____ Geschmack____ (masc.).

6. Hast du eine Liste d____ Hotels in dieser Stadt?

7. Er ist der Sohn d____ Chef____.

8. Das ist das Angebot d____ Woche.

E. Aus den deutschen Wochenzeitschriften. *Supply the correct endings.*

1. D_____ Pille verursacht kein_____ Brustkrebs (masc.). Das ist d_____ Ergebnis (neut.) von ein_____ Untersuchung zu dies_____ Thema (neut.). D_____ Fachzeitschrift (fem.) „Contraception" hat d_____ Einzelheiten neulich veröffentlicht.

2. Aus Düsseldorf kommt dies_____ Nachricht (fem.). D_____ Innenministerium (neut.) in Nordrhein-Westfalen finanziert ein Seminar für deutsche Beamte mit d_____ Titel (masc.) „Vorbereitung auf (+acc.) d_____ Ruhestand" (masc.). Was machen sie sonst mit unser_____ Geld?

3. Kein_____ Strafe (fem.) für Bomben-Tips im Internet: Angela Marquardt bietet auf (+ dat.) ihr_____ Internet-Seiten „bombige" Nachrichten an. Über (+ acc.) ihr_____ Homepage (fem.) kann man Auszüge aus d_____ Untergrundzeitung „radikal" abrufen. Dort kann man lesen, wie man dies_____ Bomben baut. Aber d_____ Bundesanwalt (masc.) findet, sie ist kein_____ Terroristin.

F. Forcing and less forcing contexts. *Complete the following sentences by adding a **der**-word or an **ein**-word plus a noun. The rest of the sentence will indicate whether you need a subject, a direct object or an indirect object. The context will show you how much choice you have. The two following examples show quite a difference in the breadth of your choice.*

EXAMPLE:

_____ funktioniert nicht mehr.

_____ braucht einen Ölwechsel.

Clearly both call for a subject to be added. But where a lot of things may not work any more, the number of things that could need an oil change is far more limited.

1. Kannst du mir _____ leihen?

2. _____ ist immer noch sehr fit. Er joggt jeden Tag

    10 Kilometer.

3. Siehst du ihn nicht? Er kommt gerade aus _____.

4. _____ hat einfach toll geschmeckt.

5. Zu Mittag esse ich meistens in _____.

6. Hast du _____ gesehen?

7. Ach, mein Deutschbuch. Ich habe es in _____ gelassen.

8. Übers Wochenende habe ich _____ geholfen.

    (**Helfen** only takes dative objects.)

9. _____ war heute den ganzen Tag geschlossen.

G. Sentence Formation. *The following exercise supplies you with **der**-words or **ein**-words plus nouns. Use them to form complete sentences.*

1. dies_____ Kaffee (masc.)

_____

2. mein_____ Terminkalender (masc.)

_____

3. ein_____ Pause

_____

4. d_____ Frühstück

_____

5. ihr (her)_____ Großeltern

_____

6. welch_____ Schuhe?

_____

7. d_____ Auswahl (fem.)

_____

8. jed_____ Apotheke

_____

Vocabulary for Chapter Three, Level One

die **Abfahrtszeit, –en** departure time

ab•rufen* (computer language) to retrieve, call up

rief . . . ab, abgerufen

an•bieten* to offer

bot . . . an, angeboten

das **Angebot, –e** offer

angebrannt burned (food)

die **Auswahl** selection, choice

der **Auszug, ¨e** excerpt

der **Besitzer, –** owner

die **Bluse, –en** blouse

die **Bombe, –n** bomb

der **Brustkrebs** breast cancer

der **Bundesanwalt, ¨e** Federal Prosecutor

der **Bus, –se** bus

der **Chef, –s** boss

die **Einzelheit, –en** detail

das **Ergebnis, –se** result

der **Esstisch, –e** dining room table

die **Fachzeitschrift, –en** technical journal

die **Garage, –n** garage

der **Geschmack** taste

das **Hemd, –en** shirt

die **Hose, –n** trousers, pants

das **Hotel, –s** hotel

das **Innenministerium** Department of the Interior

der **Intercity-Zug, ¨e** Intercity (train)

die **Jacke, –en** jacket, sportcoat

koffeinfrei decaf

leihen* to lend

lieh, geliehen

die **Marke, –n** brand

die **Nachricht, –en** news

der **Ölwechsel, –** oil change

die **Ordnung** order

in Ordnung all right, very well

die **Pille, –n** pill

der **Rock, ¨e** skirt

der **Ruhestand** retirement

die **Sache, –n** thing

der **Sakko, –s** jacket

das **Scheckbuch, ¨er** checkbook

schick chic, stylish

das **Schnitzel, –** schnitzel, cutlet

das **Steak, –s** steak

die **Strafe, –n** penalty, punishment

die **Straßenbahn, –en** streetcar

die **Taxizentrale** taxicab dispatcher

der **Terminkalender, –** appointment calendar

das **Thema, (pl. Themen)** theme

die **Tüte, –n** (paper or plastic) bag

überall everywhere

die **Untergrundzeitung, –en** underground newspaper

die **Untersuchung, –en** study, examination

veröffentlichen to publish

verursachen to cause

das **Vollkornbrot** whole-wheat bread

die **Vorbereitung, –en** preparation

der **Wetterbericht, –e** weather report

Adjective Endings

LEVEL TWO

A. Addition. *Make the following sentences more descriptive by adding the adjectives in parentheses to them.*

a. 1. Ich ziehe ein Hemd an. (ander-)

_____

2. Haben Sie Zeitungen? (ausländisch)

_____

3. Zu einem Steak trinke ich einen Rotwein. (gut)

_____

4. Deine CD ist Klasse! (neu)

_____

5. Ich nehme diese Handschuhe. (schwarz)

_____

6. Trinkst du gern Bier? (tschechisch)

_____

7. Wo ist der Brief von Horst? (letzt-)

_____

8. Heute Abend essen wir in einer Gaststätte. (gut, deutsch)

_____

9. Wo ist mein Anzug? (blau)

_____

10. Er hat viele Poster. (toll)

_____

b. 1. Was kostet diese Lampe?   (klein)

_____

   2. Hast du Hunger?   (groß)

_____

   3. Ich nehme dieses Hemd.   (rot)

_____

   4. Ich gab es meinem Bruder.   (klein)

_____

   5. Wo kaufst du deine Software?   (neu)

_____

B. Fill-ins.   *Supply the correct adjective endings.*

1. A: Haben Sie dunkl_____ Bier?

   B: Nein. Hier gibt es nur hell_____ *.

2. A: Als Hauptgericht nehme ich d_____ klein_____ Lachsfilet (neut.).

   B: Und dazu?

   A: . . . trinke ich ein_____ trocken_____ Riesling (masc.).

3. A: Hast du mein_____ braun_____ Mappe gesehen?

   B: Ja, sie liegt auf d_____ groß_____ Sessel (masc.) in dein_____ Arbeitszimmer.

4. A: Das ist Jürgen da drüben.

   B: Welch_____ ist er? (Which one is he?)

   A: Er trägt hellblau_____ Jeans (pl.) und ein grün_____ T-Shirt (neut.).

5. A: Ich brauche ein_____ neu_____ Laserdrucker (masc.).

   Mein alt_____ ist kaputt.

   B: Geh zu Saturn. Sie haben ein_____ gut_____ Auswahl (fem.).

6. A: Sind Meiers aus d_____ alt_____ Haus ausgezogen?

   B: Ja, jetzt haben sie ein_____ hübsch_____ modern_____ Wohnung.

7. A: Mir geht's nicht gut.

   Kannst du ein_____ gut_____ Arzt empfehlen?

   B: Dr. Mosler in d_____ Schillerstraße ist ausgezeichnet.

8. A: Wo sind d_____ neu_____ Gläser?

   B: Sie sind in d_____ groß_____ Schrank (masc.) in d_____ Küche.

9. A: Essen wir ein_____ Nachtisch?

   B: Ja, sie haben wunderbar_____ französisch_____ Käse (masc.) hier.

10. Zeitungsinserat: Suchen Sie ein_____ gut_____ Job (masc.) ? Kommen Sie zu Zeitarbeit.

    Sie bekommen ein_____ neu_____ Stellung mit Zukunft.

---

*When the noun is understood in the context of the sentence (e.g. when it refers back to a noun used in a previous sentence), it is often omitted. For instance, in sentence #1 it is clear that B is referring to beer. The gender is taken from the noun referred to previously and the case is determined by the context of the new sentence.

C. Mini-Dialogues.   *Use the following cues to form short dialogues. Use the present tense unless otherwise indicated.*

1. A: Kennen / du / neu / Lehrer / ?

   _____

   B: Ja // er / sein / ein / sympathisch / Typ (masc.)

   _____

2. A: Haben / du / mein / neu / Telefonnummer (fem.) / ?

   _____

   B: Du / geben / sie mir noch nicht   (*present perfect tense*)

   _____

3. A: Sein / das / ein / neu / Handy (neut.) / ?

   _____

   B: Ja // ich / kaufen / es gestern bei Saturn   (*present perfect tense*)

   _____

4. A: Wohnen / er / in / ein / Studentenwohnheim (neut.) / ?

   _____

   B: Nein // er / wohnen / bei / ein / sehr nett / Familie

   _____

5. A: Mensch! // Sein / das / Christina Maier / ?

   _____

   B: Ja // sie / werden / ein / attraktiv / Frau   (*present perfect tense*)

   _____

6. A: Wann / fahren / nächst- / Bus / ?

   _____

   B: In / ein / Viertelstunde

   _____

7. A: Ich / lieben / frisch / Brötchen (plural)

   _____

   B: Ja // aber / das / sein / schon / dein / fünft- / !   (fifth one. Here it is singular.)

   _____

8. A: Elke / tragen / ein / schick / Kleid

_____

B: Sie (she) / haben / immer / ein / gut / Geschmack (masc.)   (*present perfect tense*)

_____

9. A: Wie / schmecken / dein Essen / ?

_____

B: Das hier / sein / ein / verdammt gut / Pizza

_____

10. A: Kennen / du / Anna / ?

_____

B: Ja // sie / sein / ein / sehr clever / Mädchen

_____

D. Genitive case.   *Supply the correct genitive endings.*

1. Weißt du den Titel sein_____ neu_____ Roman_____ (masc.)?

2. Heutzutage sind die Stellen viel_____ jung_____ Leute oft nicht gut bezahlt.

3. Wir haben gestern im „Haus d_____ deutsch_____ Wein_____" gegessen.

4. Ich mag die Farbe dein_____ neu_____ Kostüm_____ (neut.).

5. Weißt du die Adresse d_____ ander_____ Buchhandlung?

6. Das ist jetzt der Preis ein_____ anständig_____ Computer_____ (masc.).

7. Es war das Ende ein_____ lang_____ Freundschaft.

8. Willst du den Namen ein_____ gut_____ Hotel_____ in München?

9. Einige unser_____ best_____ Studenten studieren an deutschen Universitäten.

E. Aus den deutschen Wochenzeitschriften. *Supply the correct endings.*

1. Reklame: Sie finden einfach kein_____ unkompliziert_____, pur_____ Spaß (masc.) in Ihr_____ Leben? Vielleicht suchen Sie in d_____ falsch_____ Ecke.

2. MEMBERSHIP MILES, d_____ exklusiv_____ Service (masc.) von Inter-Bank. Sie bekommen für jed_____ Euro wertvoll_____ Bonusmiles. Sie können sie jederzeit bei unser_____ zahlreich_____ Partnerairlines und Partnerhotels einlösen.

3. In wenig_____ Jahre_____ hat sich (itself) d_____ Deutsch_____ Telekom (fem.) völlig verändert und fit für d_____ Zukunft (fem.) gemacht. Sie hat ein_____ einzigartig_____ Kundenbasis (fem.) und äußerst leistungsfähig_____ Netze.

4. D_____ Meeresspiegel (masc.) steigt langsamer als vorher angenommen. D_____ amerikanisch_____ Raumfahrtbehörde (fem.) NASA korrigiert d_____ alt_____ Messungen: Statt um fünf Millimeter steigt d_____ Wasser d_____ (gen. pl.) Ozeane jährlich nur um ein bis drei Millimeter.

5. D_____ gebacken_____ Gänsebrust (fem.) im Magen, d_____ wohltemperiert_____ Wein* noch auf d_____ Zunge, landete Tobias Berger—als Dessert sozusagen—mit d_____ best_____ Freundin sein_____ (gen.) Frau im Bett. Sein_____ Susanne liegt wegen ein_____ Schönheits-operation im Krankenhaus, die drei Kinder sind bei d_____ Schwiegermutter untergebracht, und d_____ attraktiv_____ Freundin d_____ Haus_____ (gen.) hatte sich angeboten für d_____ einsam_____ Tobias zu kochen.

　　　Dazu ein bekannt_____ Therapeut: „Wir suchen auch d_____ Sicherheit ein_____ verläßlich_____ (gen.) Dauerbeziehung, aber d_____ Abenteuer (neut.) frisch_____ (gen.) Verliebtheit reizt uns immer wieder."

---

*__Gänsebrust__ and __Wein__ are both in the accusative case here since the verb __haben__ is implied, i.e. having the breast of goose in his stomach and the wine of the proper temperature still on his tongue.

F. Short original narratives.   *Now invent your own short narratives, similar to those in Exercise E.*
*Write two short paragraphs on any newsworthy topics using as many **der-** and **ein-**words with adjectives*
as you can.

1. _____

   _____

   _____

   _____

   _____

   _____

   _____

   _____

   _____

   _____

   _____

2. _____

   _____

   _____

   _____

   _____

   _____

   _____

   _____

   _____

   _____

   _____

G. Forcing and less forcing contexts.   *Complete the following sentences by adding a **der**- word or an ein-word plus an adjective and a noun. The rest of the sentence will indicate whether you need a subject, a direct object or an indirect object. The context will show you how much choice you have. The two following examples show quite a difference in the breadth of your choice.*

        EXAMPLE:

_____ funktioniert nicht mehr.

_____ braucht einen Ölwechsel.

Clearly both call for a subject to be added. But where a lot of things may not work anymore, the number of things that could need an oil change is far more limited.

1. Du siehst aber schick aus. Wo hast du _____

_____ gekauft?

2. Im Sommer fahre ich mit _____ in Urlaub

nach Spanien.

3. Es ist kalt geworden. Ich ziehe jetzt _____an.

4. _____ sieht wirklich sehr schäbig aus.

5. Du sollst _____ danken. Sie

hat dir bei der Arbeit sehr geholfen. (**danken** takes only dative objects)

6. _____ sind absolut unbrauchbar.

7. Seine Eltern haben ihm _____ zum

Geburtstag geschenkt.

8. Schade. _____ passt mir nicht mehr.

H. Sentence Formation.   *The following exercises supply you with an adjective and a noun. Use them to form complete sentences. For example, the cues*

groß / Mercedes

can suggest sentences in the

	Nominative:	Wem gehört der große Mercedes?
or:	Accusative:	Er hat einen großen Mercedes gekauft.
or:	Dative:	Sie ist in einem großen Mercedes angekommen.

1. ausgezeichnet / Arbeit

_____

2. regnerisch / Wetter (neut.)

_____

3. fabelhaft / Porsche (masc.)

_____

4. ausländisch / Touristen

_____

5. unwiderstehlich / Angebot (neut.)

_____

6. gut / Eindruck (masc.)

_____

7. schwierig / Entscheidung

_____

8. einfach / dunkel* / Kostüm (neut.) // schick / seiden / Bluse

_____

---

*dunkel: words ending in **-el (dunkel, miserabel)** and **-er (teuer, euer)** drop the **e** when they take an ending.

Thus: dunk**el**   but   dunk**le**

teu**er**   but   teu**re**

I. Reading.

1989 is an important year in German history: it's the year the Wall came down. Here is a story of two lives that reflect the events of that period. Read the text below, then check your understanding of it by answering the questions at the end of this section.

Nach dem Mauerfall
(After the Wall came down)

Ich erzähle Ihnen eine kleine Geschichte—typisch vielleicht für die Zeit nach dem Mauerfall. Im Mai 1990, hatte ich einen wichtigen Termin bei der Deutschen Bank in Frankfurt. Es war acht Uhr früh und ich war gerade mit dem Intercity aus Hamburg angekommen. Ich ging zu einem Kiosk und kaufte mir eine Zeitung, denn mein Termin war erst um halb zehn. Plötzlich hörte ich meinen Namen rufen. Ich wandte mich um und sah einen früh ergrauten, schäbig gekleideten Mann. Ich erkannte ihn aber sofort: Es war Rolf Lorzing, ein alter Freund aus meiner Studentenzeit in Hamburg. „Mein Gott!" sagte er: „Sehe ich richtig? Du bist es wirklich. Hast du ein paar Minuten Zeit für mich—oder hast du's sehr eilig?" „Du, für dich habe ich immer Zeit!" sagte ich, und wir gingen zusammen ins Bahnhofsrestaurant. Wir setzten uns an einen freien Tisch, bestellten Kaffee, und Rolf erzählte mir die folgende Geschichte.

1986 war er als junger Sportarzt mit der westdeutschen Leichtathletikmannschaft nach Ost-Berlin gefahren. Schon am ersten Tag seines achttägigen Besuchs lernte er eine junge ostdeutsche Sportmedizinerin kennen. Karla Vogt hieß sie. Und wie es immer auf der Welt gewesen ist, verliebten sie sich ineinander—fast auf den ersten Blick. Aber die Lage war hoffnungslos—so war es eben 1986. Er konnte nicht im Osten bleiben und sie durfte nicht in den Westen gehen.

Nach sechs Monaten war Rolf wieder in die DDR gefahren, diesmal als Tourist. In Hamburg hatte er für DM 2000 einen gefälschten Reisepass gekauft. Er wollte seine Geliebte nämlich als seine Frau über die Grenze schmuggeln. Und sie hätten es beinahe geschafft. Aber auf der Autobahn zwischen Berlin und der Bundesrepublik hatten sie eine Panne. Die Polizei wurde misstrauisch, bemerkte die gefälschten Papiere und sie kamen vor ein ostdeutsches Gericht und bekamen beide fünf Jahre Gefängnis.

Die Geschichte hat doch ein Happyend. Drei Jahre später ist die Mauer gefallen. Rolf und Karla waren frei, fanden sich wieder und heirateten. Sie haben beide eine Stellung bei der deutschen Leichtathletikmannschaft gefunden.

Und heute bin ich wieder in Frankfurt, diesmal für die Taufe ihrer Tochter. Ich werde der stolze Pate sein. Sie holen mich am Bahnhof ab.

Vocabulary for the Reading

der Mauerfall   lit.: the fall of The (Berlin) Wall
der Termin   appointment
der Kiosk   stand (as in newpaper stand)
sich um•wenden, wandte sich um (reflexive)   to turn around (turned around)
früh ergraut   prematurely grey
schäbig   shabbily
es eilig haben   to be in a hurry
die Leichtathletikmannschaft   track team
sich verlieben (reflexive)   to fall in love
die Lage   situation
DDR   Deutsche Demokratische Republik (East Germany)

gefälscht   counterfeit
der Reisepass   passport
die Grenze   border
es beinahe schaffen   to almost get away with (it)
die Panne   breakdown, flat tire
misstrauisch   suspicious
das Gericht   court
das Gefängnis   *here*: jail sentence
heiraten   to get married
die Stellung   position, job
die Taufe   christening
der Pate   godfather

Questions

a. 1. Zu welcher Zeit findet der Anfang der Geschichte statt?

_____

_____

2. Warum ist der Erzähler (narrator) in Frankfurt?

_____

_____

3. Von welcher Stadt ist der Erzähler nach Frankfurt gekommen? Wie ist er gekommen?

_____

_____

4. Warum geht der Erzähler zu einem Kiosk?

_____

_____

5. Wie sieht der alte Freund des Erzählers im Bahnhof aus?

_____

_____

6. Woher kennt der Erzähler Rolf Lorzing? Wann lernten sie einander kennen?

_____

_____

7. Warum war Rolf Lorzing 1986 in Ost-Berlin?

_____

_____

8. Welchen Beruf hat Karla Vogt in der DDR gehabt?

_____

_____

9. Warum war die Lage für die beiden 1986 hoffnungslos?

_____

_____

10. Wie wollte Rolf seine Geliebte über die Grenze schmuggeln?

_____

_____

b. 1. Wieso schnappte (nabbed) die ostdeutsche Polizei die beiden?

_____

_____

2. Was passierte den beiden vor dem ostdeutschen Gericht?

_____

_____

3. Wieso kamen sie frühzeitig aus dem Gefängnis?

_____

_____

4. Was ist das Happyend der Geschichte?

_____

_____

5. Warum ist der Erzähler am Ende der Geschichte wieder in Frankfurt?

_____

_____

Vocabulary for Chapter Three, Level Two

das **Abenteuer,** – adventure
an•bieten* to offer
   bot . . . an, angeboten
das **Angebot,** –**e** offer
angenommen assumed
anständig decent
das **Arbeitszimmer,** – study
ausgezeichnet excellent
ausländisch foreign
aus•ziehen* to move out
   zog . . . aus, ist ausgezogen
das **Brötchen,** – roll
die **Dauerbeziehung,** –**en** longterm
   relationship
der **Eindruck,** ⁻**e** impression
ein•lösen to cash (in)

einsam lonely
einzigartig unique
die **Entscheidung,** –**en** decision
fabelhaft fabulous
die **Gaststätte,** –**n** restaurant
gebraten roasted
der **Handschuh,** –**e** glove
das **Handy,** –**s** cell(ular) phone
das **Hauptgericht,** –**e** main dish
hell light (but not "lite")
der **Job,** –**s** job
kaputt kaput, broken
Klasse! Great!
das **Kostüm,** –**e** (woman's) suit
die **Kundenbasis** customer base
das **Lachsfilet,** –**s** salmon filet

der	**Laserdrucker, –**	laser printer
	leistungsfähig	powerful, efficient
die	**Mappe, –n**	briefcase
die	**Mark, –**	mark (currency)
der	**Meeresspiegel**	sea level
die	**Messung, –en**	measurement
der	**Nachtisch, –e**	dessert
das	**Netz, –e**	network, net
der	**Ozean, –e**	ocean
die	**Pizza, –s**	pizza
der	**Poster, –**	poster
die	**Raumfahrtbehörde**	space agency
	regnerisch	rainy
	reizen	to attract, titillate
der	**Roman, –e**	novel
	schäbig	shabby
die	**Schönheitsoperation, –en**	cosmetic operation
der	**Schrank, ̈e**	cupboard
die	**Schwiegermutter, ̈**	mother-in-law
	schwierig	difficult
der	**Sessel, –**	(easy)chair
die	**Sicherheit**	security
	sozusagen	so to speak
die	**Stellung, –en**	job
das	**Studentenwohnheim, –e**	dorm(itory)
	sympathisch	nice, likeable
das	**T-Shirt, –s**	T-shirt
der	**Tourist, –en, –en**	tourist
	trocken	dry
	tschechisch	Czech
	untergebracht	looked after, housed
	unwiderstehlich	irresistible
	verlässlich	dependable
die	**Verliebheit**	infatuation, being in love
	wertvoll	valuable
	wohltemperiert	at just the right temperature
	zahlreich	numerous
die	**Zukunft**	future

Prepositions

ALL LEVELS

*A. **Destinations and Locations.*** *Replace the destination or location in each sentence with the one in parentheses. The prepostion will remain the same as in the original sentence.*

> EXAMPLE: Ich fahre zur Post. (der Bahnhof)
> **Ich fahre zum Bahnhof.**

a. 1. Gehst du heute zur Bank? (der Supermarkt)

   _____

2. Wir treffen euch im Wohnheim. (die Mensa)

   _____

3. Kommst du aus der Schweiz? (die USA [plural in German])

   _____

4. Ich wohne seit einer Woche hier. (der Monat)

   _____

5. Danke für deine Hilfe. (der Vorschlag)

   _____

6. Mein Wohnheim ist gleich hinter dem Computerzentrum. (die UB [short for „Universitätsbibliothek"])

   _____

7. Meine Schwester arbeitet bei einem Arzt in Frankfurt. (eine Firma in Frankfurt)

   _____

8. Wir haben einen Bummel durch die Stadt gemacht. (der Park)

   _____

9. Wann bist du in der Stadt angekommen? (das Hotel)

_____

10. Ich fahre nächste Woche zu meinen Eltern. (meine Schwester)

_____

b. 1. Während der Woche bin ich selten zu Hause. (der Tag)

_____

2. Er sitzt da drüben an der Theke. (der Tisch)

_____

3. Ich wohne bei Frau Schmidt. (Herr Schmidt)

_____

4. Wir bleiben bis nächsten Mittwoch. (nächste Woche)

_____

5. Pass auf! Deine Handschuhe sind auf die Straße gefallen. (der Boden)

_____

B. Fill-ins. *Supply the missing preposition, and, where necessary, the article or possessive adjective. Use contractions where appropriate.*

a. 1. Da ist ein netter Tisch _____ Ecke.
(in the)

2. Fahr hier nach links. Wir wollen _____ Stadt herumfahren.
(around the)

3. Er fährt _____ Freundin _____ England.
(with his)   (to)

4. Wir warten _____ Wohnheim auf dich.
(in the)

5. Er hat seine Stellung _____ Beziehungen bekommen.
(through)

6. Nein, Käthi ist jetzt nicht hier. Sie ist _____ Friseur.
(at the)

7. Wir wohnen _____ italienischen Restaurant _____.
(across from a)

8. Komm mal _____ Balkon (masc.) heraus.
(onto the)

9. Wir gehen jetzt _____ U-Bahn.
(to the)

10. Er muss _____ achtzig Jahre alt sein.
(over)

b. 1. Ja, ich komme _____ Erkältung mit.
(in spite of my)

2. _____ Bruder kenne ich niemand in Frankfurt.
(Besides my)

3. Sie sind _____ abgefahren.
(without me)

4. Das ist aber wirklich sehr nett _____.
(of you)

5. Schau mal! Da ist ein Parkplatz gleich_____ Restaurant.
(in front of the)

6. Nein, die Teilzeitarbeit war nicht interessant. Ich habe es nur_____
(on account of the)

Geld_____ gemacht.

7. Dein Buch ist _____ Zeitung _____ Tisch.
(under the)   (on the)

8. Was haben Sie _____ Plan?
(against his)

C. Mini-dialogues. *Complete the following short dialogues by supplying the missing preposition and, where necessary, the article or possessive adjective. Use contractions where appropriate.*

a. 1. A: Sollten wir Helke nicht draußen treffen?

   B: Nein, sie ist schon _____ Restaurant gegangen.
                              (into the)

2. A: Taxizentrale.

   B: Ich will ein Taxi sofort, bitte. Rheinstraße 42. Ich warte unten _____ Haustür.
                                                                          (in front of the)

3. A: Wartest du noch auf Hannelore?

   B: Ja, ich sitze schon _____ Stunde hier.
                              (for a)

4. A: Fahre ich hier nach rechts?

   B: Ja, nach 100 Metern müssen wir _____ Autobahn fahren.
                                          (onto the)

5. A: Verzeihung. Wo ist das Büro von Herrn Dauber?

   B: Da vorne. Gehen Sie _____ zweite Tür links.
                              (through the)

6. A: Hast du von der neuen Golfkrise gehört?

   B: Ja, es war schon _____ Fernsehen.
                              (on)

7. A: Sie haben also einen Schuss gehört. Was haben Sie dann gemacht?

   B: Ich bin gleich _____ Fenster gegangen.
                          (to the)

   A: Und was haben Sie gesehen?

   B: Ein Mann lag tot _____ Straße.
                            (on the)

8. A. Was machst du _____ Abendessen*?
                        (after)

   B: Ach, ich lerne _____ elf Uhr, und dann gehe ich _____ Bett.
                          (until)   (to)

9. A: Wie viele Leute wissen davon (about it)?

   B: _____ niemand.
        (Besides me)

10. A: Kannst du mir _____ Hausarbeit helfen?
                          (with my)

    B: _____ Stunde vielleicht, aber nicht länger.
         (For an)

---

*All meals (**Frühstück, Mittagessen, Abendessen**) use a definite article in German.

b. 1. A: Was machst du _____ Weihnachtsferien?*
                                              (during the)

   B: Ich gehe _____ Schweiz Ski fahren.
                              (in)

   2. A: Ach, du willst Karl-Heinz besuchen.

   B: Ja, ich fahre morgen _____ Heidelberg _____.
                                          (to)   (to his place, lit. "to him")

D. Forcing and less forcing contexts.   *Complete the following sentences with a prepositional phrase of your choice. A number of phrases are usually possible for each sentence, so try to find at least two or three for each one when doing this exercise orally.*

a. 1. Heute Abend essen wir _____ .

   2. Wir haben einen langen Spaziergang _____ gemacht.

   3. Der CD-Spieler? Er ist ein Geschenk _____ .

   4. Meine neue Freundin wohnt _____ .

   5. Zum Skilaufen fahre ich meistens _____ .

   6. Leg deinen Koffer _____ .

   7. Guck mal! Hier ist ein Brief _____ .

   8. Ich lerne Deutsch _____ .

   9. Mein Mantel? Ach, ich habe ihn _____ gelassen.

   10. Es hat geklingelt. Geh du (Would you go) _____ .

b. 1. Kannst du die Sachen _____ bringen?

   2. Dann warten wir _____ auf dich.

   3. Da ist er. Er kommt gerade _____ .

   4. Nein, ich meine das Restaurant _____ .

*****Ferien** (vacation) is plural in German and always uses a definite article.

E. A Stroll around the Ring.

The heart of Vienna, which the Viennese call **die Innenstadt** or **der erste Bezirk** (The First District) or just simply **die City**, is bounded by a monumental boulevard called **der Ring**. The Ring is so broad and imposing that the great buildings that flank it are said to be **am Ring**, as if they were sitting on the banks of a river, like **Köln am Rhein** or **Frankfurt am Main**. Similarly, things are located **an** (at the edge of) a square or park. In Vienna, despite a lot of winding streets, you can always navigate by the great tower of St. Stephen's, **der Stefansdom**, which sits smack in the middle of the inner city and dominates everything for miles around. Use the map on page 73 to orient yourself as you fill in the blanks in the following activity.

The following list will help you give and receive directions.

(nach) links left, to the left, on the left
(nach) rechts right, to the right, on the right
an (+ dat.) **vorbei gehen** to go (pass) by
    something
geradeaus straight ahead
(eine Straße) hinauf (+ acc.) up (a street)
(eine Straße) hinunter (+ acc.) down (a street)
(The distinction between **hinauf** and **hinunter** is
    clear when a street is on a hill, but one
    also takes a street *down* toward the
    center of town or *up* away from the
    center.)
gegenüber (+ dat.) opposite, across from
(**Gegenüber** normally follows its object: **dem
    Hotel direkt gegenüber** = right across
    from the hotel.)

entlang (+ acc.) along
(**Entlang**, like **gegenüber**, normally *follows* its
    object: **die Donau entlang, den Rhein
    entlang**
über (+ acc.) across
bis zu (zur, zum) to, as far as, up to the
in die (Kärntner)straße gehen turn into
    (Kärntner)straße
auf der (linken / rechten) Seite on the (left /
    right) side
eine Straße weiter one block further
die Verkehrsampel traffic light
vorbei•gehen + an (+ dat.)   to walk past
    something

Die Innenstadt von Wien

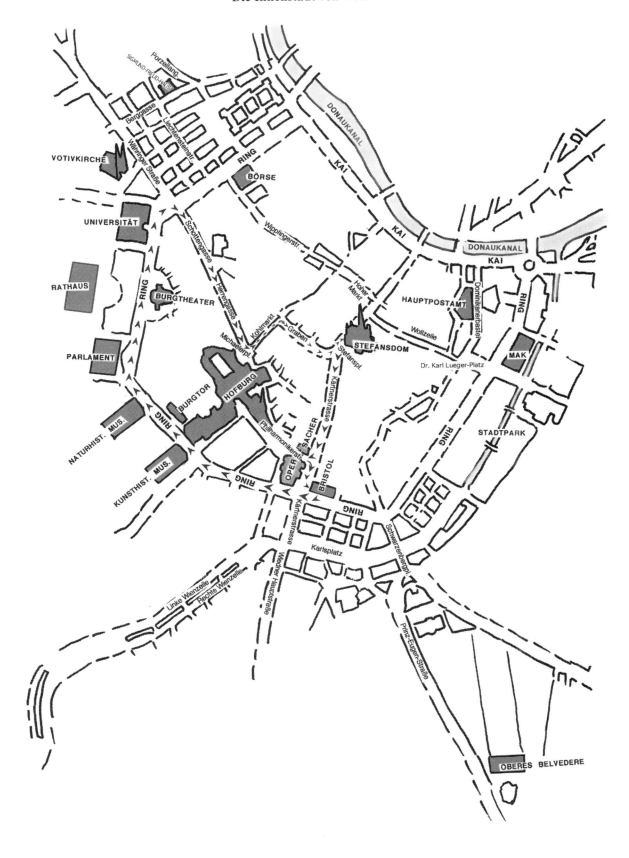

1. Sie sind gestern Abend _____ Orient Express (masc.) nach Wien gekommen und
                                      (with the)

haben ein Zimmer _____ Hotel Bristol _____ Ring gefunden. Heute,
                          (in the)   (on the)

_____ Frühstück, wollen Sie sich die Stadt ein bisschen ansehen. Sie verlassen das
   (after [the])

Hotel und gehen dann rechts _____ Oper (fem.) vorbei. _____ ungefähr fünf
                                    (past the)   (After)

Minuten kommen Sie _____ Burgtor (neut.), und wenn Sie _____ Tor
                            (to the)   (through the)

schauen, sehen Sie die Hofburg, die Residenz der österreichischen Kaiser. _____
                                                                            (On the other)

Seite des Rings stehen zwei riesige Gebäude; das Erste ist das Kunsthistorische Museum

_____ weltberühmten Sammlung _____ Gemälden und Plastiken.
   (with its)   (of)

Und _____ Kunsthistorischen Museum direkt _____ steht sein
                                                          (opposite the)

Spiegelbild, das Naturhistorische Museum.

2. Gehen Sie jetzt weiter den Ring _____ und Sie kommen erst _____ Parlament und
                                      (along)   (to the)

dann _____ neugotischen Rathaus. ____ Rathaus _____, _____ Innenseite des
        (to the)   (opposite the)   (on the)

Rings steht das Burgtheater. Von hier aus können Sie die Universität sehen. Gehen Sie eine

Straße weiter _____ Verkehrsampel (fem.). Hier haben Sie eine Wahl: Sie können
                (to the next)

entweder _____Straßenbahn _____ ganzen Ring zum Bristol zurückfahren —
            (by)   (around the)

oder Sie können quer _____ Innenstadt laufen. Noch nicht müde? Gut! Biegen Sie
                        (through the)

rechts _____ Schottengasse, dann gehen Sie _____ Herrengasse
          (into [the])   (the)

hinunter _____ Michaelerplatz. _____ sehen Sie das Michaelertor, das in die
            (to [the])   (To the right)

Hofburg führt. _____ ist der Kohlmarkt.
                  (To the left)

3. Gehen Sie _____ Kohlmarkt hinunter bis zum Graben. Der Graben endet am
                        (the)

Stefansplatz, und auf einmal stehen Sie _____ Stefansdom, dem Wahrzeichen von
                                            (in front of the)

Wien. Aber genug des Laufens! Sie haben Hunger. Gehen Sie _____
                                                                      (the)

Kärntnerstraße hinauf fast bis zur Oper. Hinter der Oper _____ Philharmonikerstraße
                                                              (in [the])

ist das Hotel Sacher. Hier können Sie _____ leichten Mittagessen die berühmte Sacher-
                                          (after a)

torte probieren—mit einem „kleinen Schwarzen" (Kaffee) dazu. _____ Sacher ist es
                                                                   (From the)

nur ein Katzensprung ins Bristol.

F. Asking and giving directions.

Use the following map of Vienna to give and receive directions. Include the suggested streets and squares in your answers. The points of departure are numbered, and arrows lead to the destinations.

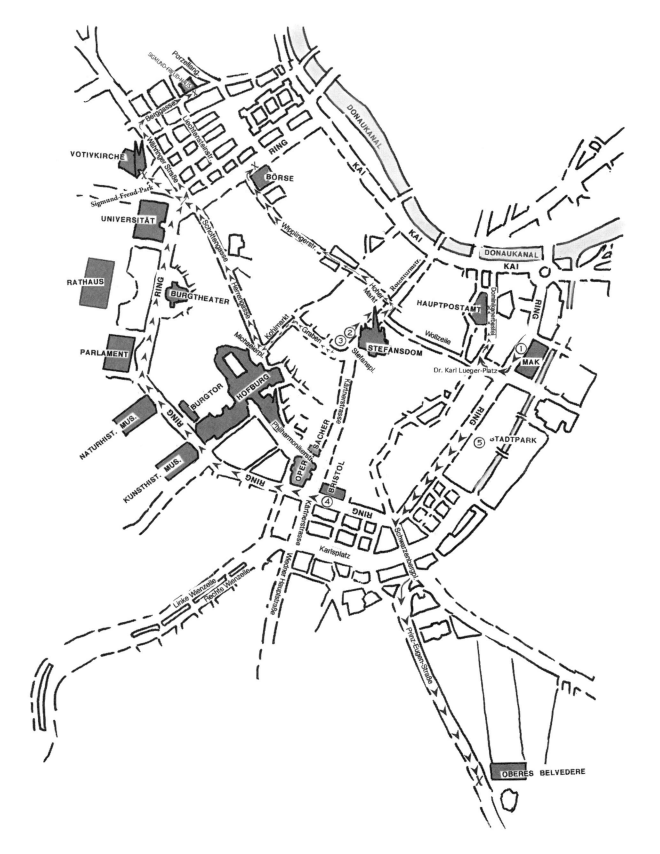

1. Sie stehen vor dem MAK (Museum für angewandte Kunst) (1) und ein Tourist fragt Sie, wie er zum Hauptpostamt kommt.

   Ring / Lueger-Platz / Dominikanerbastei (fem.)

   Sie: _____

   _____

2. Ich stehe am Stefansplatz (2) und will zur Börse. Ich frage einen Herrn nach dem Weg.

   Rotenturmstraße / Hoher Markt / Wipplingerstraße / Ring

   Der Herr: _____

   _____

3. Sie sitzen in einem Café am Graben (3) und fragen Ihre Kellnerin, „Wie komme ich zur Votivkirche?"

   Graben / Kohlmarkt / Michaelerplatz / Herrengasse / Schottengasse / Sigmund-Freud-Park

   Kellnerin: _____

   _____

4. Mein Wagen steht vor dem Hotel Bristol (4). Ich frage einen Polizisten, „Herr Inspektor, ich will zum Sigmund-Freud-Haus. Wie fahre ich am besten dorthin?"

   Ring / Währinger Straße / Berggasse

   Polizist: _____

   _____

5. Sie stehen am Eingang zum Stadtpark (5). Ein BMW hält an und und der Fahrer fragt, wie er zum Oberen Belvedere (neut.) kommt.

   Ring / Schwarzenbergplatz / Prinz-Eugen-Straße

   Sie: _____

   _____

G. Personal Questions.   *Answer the following questions, using as many prepositions as possible.*

1. Wo kommen Sie her? (Stadt, Staat und Land)

   _____

2. Wo studieren Sie jetzt? (die Universität, das College [English word pronounced with a German accent])

   _____

3. Wo wohnen Sie? Mit wem? Beschreiben Sie das Haus.

   _____

   _____

4. Wo essen Sie normalerweise? Wo essen Sie sonst und wann (welche Tage und welche Mahlzeiten)?

   _____

   _____

5. Was machen Sie freitagabends? Geben Sie mindestens zwei oder drei Beispiele.

   _____

   _____

   _____

6. Was machen Sie in den Sommerferien? Seien Sie spezifisch, und geben Sie auch hier ein paar Beispiele.

   _____

   _____

   _____

H. Reading.

The globalization of the world markets has often made it very difficult to determine what products are made where. Firms make products in various countries; they subcontract and sub-subcontract to such an extent that saying that a certain product is from a certain country is becoming almost meaningless. Economically, at any rate, we are becoming more and more *one* world.

Read the text below, then check your understanding of it by answering the questions at the end of this section.

Made in Germany . . . oder?

In Deutschland wie auch im Ausland ist der Mercedes-Benz *der* deutsche Markenartikel, denn überall in der Welt ist der Mercedes-Stern das sichtbare Zeichen von finanziellem Erfolg. Vor allen deutschen Hauptbahnhöfen stehen Mercedes bereit, ihre Kunden schnell und sicher zu ihren Hotels zu bringen. Oder Sie rufen von Ihrer Wohnung aus an und Minuten später sitzen Sie im Hintersitz von einem Mercedes und fahren zur Oper. Denn der Mercedes ist *das* Taxi in Deutschland.

Aber ob Taxi oder Statussymbol ist der Mercedes vor allem ein Geschäft. Die Konzernzentrale ist in Stuttgart, im Stadtteil Untertürkheim—im Herzen von Schwaben. Deutscher geht's nicht. Und von hier aus lenken die Mercedes-Manager ihre Globalisierungsstrategien, denn die Zentrale mag ja in Deutschland sein, aber in der ganzen Welt wird produziert. Wo immer die neuen Märkte liegen, etabliert Mercedes neue Fabriken: in Indien, Thailand, Vietnam und Brasilien—aber auch im US-Bundesstaat Alabama. Und es sind nicht nur Transportkosten, die man spart!

Die neuen Fabriken im Ausland zeigen nur eine Seite von der Globalisierungsstrategie. Mercedes baut nicht nur Autos *für* die ganze Welt *auf* der ganzen Welt—die Teile dafür kommen auch *aus* der ganzen Welt. Jetzt schon kommen weniger als 35 Prozent der Herstellung aus Mercedes-Fabriken. Und in kurzer Zeit werden es unter 30 Prozent sein. Immer mehr geht es um Kosten, und immer mehr holt Mercedes Teile aus dem Ausland, sehr oft aus nichteuropäischen Ländern, wo die gleiche Qualität viel weniger kostet. Heute umspannt das Netzwerk von Mercedes-Zulieferern den ganzen Globus: rund 4000 Partner stellen die einzelnen Teile her. Am Ende bleibt Mercedes-Benz für die Qualität von allen Teilen von einem Mercedes verantwortlich. Aber immer weniger von jedem Wagen wird „Made in Germany".

Vocabulary for the Reading

oder   *here*: "or what"
im Ausland   abroad
der Markenartikel, –   brand name article
der Stern   star (Mercedes emblem)
sichtbar   visible
das Zeichen   sign
der Erfolg   success
bereit   ready
der Kunde, –n, –n   customer
der Hintersitz   back seat
das Geschäft   business
die Konzernzentrale   business headquarters
im Herzen von   in the heart of

Schwaben   Swabia (in southern Germany)
lenken   to direct
. . . wird produziert   production is going on
der Markt, ⁻e   (business) market
etablieren   to establish
sparen   to save
die Herstellung   the production
es geht um   it concerns
umspannen   to circle, go aroung
der Zulieferer, –   supplier, subcontractor
her•stellen   to produce
verantwortlich   responsible

Questions

1. Warum wollen viele Leute einen Mercedes besitzen (own)?

_____

2. Wo sieht man viele Mercedes hintereinander stehen?

_____

3. Wo ist die Konzernzentrale von Mercedes-Benz?

_____

4. Wo etabliert Mercedes neue Fabriken? Warum?

_____

_____

5. Was ist die andere Seite von der Globalisierungsstrategie, d.h. wo kommen die einzelnen Teile von den Wagen her?

_____

_____

6. Was ist die Hauptfunktion von der Mercedes-Benz-Zentrale?

_____

Vocabulary for Chapter Four

auf•passen   to watch out, be careful
die **Autobahn, –en**   highway
der **Balkon, –s**   balcony
die **Beziehung, –en**   connection, relationship
der **Boden**   ground
die **Börse, –n**   stock exchange
der **Bummel, –**   stroll
die **Burg, –en**   castle
das **Burgtor, –e**   castle gate
draußen   outside
der **Eingang, ̈e**   entrance
die **Erkältung, –en**   (head)cold
das **Gebäude, –**   building
das **Gemälde, –**   painting
genug des Laufens   enough of running around
die **Golfkrise, –n**   Gulf Crisis
gucken   to look, watch (informal)
die **Hausarbeit, –en**   homework, seminar paper
die **Innenseite, –n**   inner side
die **Innenstadt, ̈e**   inner city
der **Katzensprung**   (a) stone's throw
die **Mahlzeit, –en**   meal
die **Mensa**   student dining hall
neugotisch   Neo-Gothic
normalerweise   normally
die **Oper, –n**   opera
österreichisch   Austrian

die **Plastik, –en**   sculpture
probieren   to try, sample
quer durch   straight through
riesig   gigantic
die **Sammlung, –en**   collection
der **Schuss, ̈e**   (gun)shot
Ski fahren*   to ski (fährt . . . Ski), fuhr . . . Ski, ist Ski gefahren
Ski laufen*   to ski (läuft . . . Ski), lief . . . Ski, ist Ski gelaufen
die **Sommerferien** (pl.)   summer vacation
der **Spaziergang, ̈e**   walk, stroll
das **Spiegelbild, –er**   mirror image
die **Stellung, –en**   position, job
die **Taxizentrale**   taxi dispatcher
die **Teilzeitarbeit, –en**   part-time work
die **Theke, –n**   counter
treffen   to meet (trifft), traf, getroffen
die **U-Bahn**   subway
die **Verkehrsampel, –n**   traffic light
der **Vorschlag, ̈e**   suggestion
das **Wahrzeichen, –**   symbol (most famous landmark)
die **Weihnachtsferien** (pl.)   Christmas vacation
weltberühmt   world-famous
das **Wohnheim, –e**   dorm, dormitory

Modal Auxiliaries

5

LEVEL ONE

A. Present and Past Tenses of the Modal Auxiliaries. *Add the suggested modal to the following sentences. (In some cases the modals have their secondary, more idiomatic meanings.)*

Present tense:

> EXAMPLE: Ohne meine Brille sehe ich gar nichts. (können)
> Ohne meine Brille **kann** ich gar nichts sehen.

1. Versteht ihr das? (können)

_____

2. Sie sind jeden Moment da. (müssen)

_____

3. Sagt man das überhaupt? (dürfen)

_____

4. Bleibt ihr wirklich zu Hause? (wollen)

_____

5. Du hast es spätestens morgen. (sollen)

_____

6. Das stimmt schon. (mögen)

_____

7. Sie ist eine Schulfreundin von meinem Vater. (wollen)

_____

8. Wer ist das? (können)

_____

9. Das ist endlich unser Taxi. (müssen)

_____

10. Japanische Wagen sind immer noch preiswert. (sollen)

_____

Past tense:

EXAMPLE: Ich erkannte ihn kaum. (können)
Ich **konnte** ihn kaum erkennen.

1. Wir verstanden kein einziges Wort. (können)

_____

2. Er ging schnell nach Hause. (müssen)

_____

3. Nur zu Weihnachten tranken wir ein kleines Gläschen Wein. (dürfen)

_____

4. Sie kamen schon gestern zurück. (wollen)

_____

5. Es war um fünf Uhr fertig. (sollen)

_____

6. Ich besuchte sie erst nach der Operation. (dürfen)

_____

7. Wir tankten vor der Grenze auf. (wollen)

_____

8. Bezahlten Sie die Hotelrechnung *bar*? (müssen)

_____

9. Machtest du das allein? (können)

_____

10. Sie blieb den ganzen Tag im Bett. (müssen)

_____

B. Situations. *Choose the modals suggested by the following contexts. Most of the choices are clear, but in some situations more than one modal may be appropriate. Use the present tense.*

a. 1. Tut mir leid, mein Herr, aber hier _____ Sie nicht rauchen.

2. Kinder, wir gehen spazieren. _____ ihr mitkommen?

3. In der Bibel heiß es, „Du _____ nicht töten."

4. Warum _____ Sie ihn nicht? Ich finde ihn doch sympathisch.

5. Bitte, _____ Sie die Tür für mich halten? Ich habe keine Hand frei.

6. Diese Hose ist viel zu eng geworden. Ich _____ fünf Kilo abnehmen.

7. Bitte, bittte, Omi! Zu Hause _____ ich bis neun aufbleiben.

8. Ich habe Ihnen schon hundert Euro gegeben. Was _____ Sie denn noch von mir?

9. Sein letztes Buch war toll—und das neue _____ wenn möglich noch besser sein.

10. Ich _____ diese Suppe nicht! Sie schmeckt nach Knoblauch!

b. 1. Natürlich _____ sie Französisch! Sehr gut sogar. Sie hat vier Semester in Paris studiert.

2. Leider _____ wir aufbrechen. Morgen ist ein Schultag für die Babysitterin.

3. _____ ich kurz stören? Ich glaube, ich habe meinen Regenschirm hier vergessen.

4. Nehmen Sie bitte Platz. Doktor Mosler _____ jeden Moment kommen.

5. Leni _____ nicht mitkommen. Sie hat den Film schon zigmal gesehen.

6. Wo ist mein blöder Autoschlüssel? Er _____ doch irgendwo hier liegen.

7. Wir _____ uns beeilen! Der Hauptfilm beginnt in zwei Minuten.

8. Sie (you) _____ mit dem Bus fahren, aber die U-Bahn ist viel schneller.

9. Borgst du mir deine Lesebrille? Ich _____ die Speisekarte gar nicht lesen.

*C. **Mini-Dialogues.*** *Use the following cues to form short dialogues in the suggested tenses.*

1. A: Parkuhr / sein / kaputt (*past*)

   _____

   B: Aber warum / du / müssen / zahlen / denn / Strafe / ? (*past*)

   _____

2. A: Er / wollen / sein / alt / Freund / von / Bundeskanzler (*present*)

   _____

   B: Jaja // und / ich / sein / alt / Freundin / von / Königin von England (*present*)

   _____

3. A: Wie alt / sein / er / denn / ? (*future*)

   _____

   B: Er / können / sein / schon über achtzig (*present*)

   _____

4. A: Wollen / spazieren gehen / Sie / gestern nicht / ? (*past*)

   _____

   B: Ja // aber / regnen / ganz / Tag / stark (*present perfect*)

   _____

5. A: Können / anmachen / ich / Fernseher / ? (*present*)

   _____

   B: Ja // aber / es / dürfen / sein / nur nicht zu laut (*present*)

   _____

6. A: Mögen / du / Steak / nicht / ? (*past*)

   _____

   B: Ich / wollen / haben / (it) / blau (rare) (*past*)

   _____

   Stattdessen / sie (they) / durch•braten / es / total (*present perfect*)

   _____

7. A: Warum / du / können / sehen / Bildschirm (masc.) / nicht / ? (*past*)

_____

B: Ich / sitzen / hinter / Dame / mit / groß / Hut (*present perfect*)

_____

8. A: Wagen / sollen / sein / morgen fertig (*present*)

_____

B: Wir / können / abholen / (it) / auf / Weg nach Hause (*present*)

_____

D. More open Mini-Dialogues.   *Use the suggested modal expressions to complete the following conversational exchanges.*

1. A: _____ ? (können kommen)
   B: Leider nein. An dem Abend bin ich schon mit anderen Freunden verabredet.

2. A: Ich kann diese dumme Datei nicht aufmachen.
   B: _____ ? (sollen helfen)

3. A: _____ ? (wollen gehen)
   B: Bleiben wir noch eine halbe Stunde. Morgen ist Feiertag.

4. A: _____ ? (dürfen stören)
   B: Aber Sie stören uns keineswegs. Kommen Sie nur ruhig herein.

5. A: Was hast du gegen ihn?
   B: _____ . (mögen nicht)

6. A: Was? Sie verlassen uns schon?
   B: _____ ? (müssen aufstehen)

E. Guided Composition.

Alles, was ich noch tun muss, bevor ich in Urlaub fahre

Write a paragraph about all you have to do before you leave on your two-week trip to Portugal. Use as many different modals as you can. Your paragraph will be more interesting if some of your sentences begin with time expressions—or even objects.

Pass erneuern

Flugkarten

Reiseschecks

Hotelzimmer

Babysitter für die Katze

Blumen begießen

Bikini (oder Badehose)

Sonnenöl

was noch?

_____

_____

_____

_____

_____

_____

_____

_____

_____

_____

_____

_____

_____

_____

_____

_____

Vocabulary for Chapter Five, Level One

	ab•nehmen* to take off (weight) (nimmt . . . ab), nahm . . . ab, abgenommen		**erneuern** to renew
	an•machen to turn on	der	**Feiertag, –e** holiday
	auf•bleiben* to stay up blieb . . . auf, ist aufgeblieben	die	**Grenze, –n** border
	auf•brechen* to get on one's way (bricht . . . auf), brach . . . auf, ist aufgebrochen	der	**Hauptfilm, –e** feature film, main film
der	**Autoschlüssel, –** car key		**keineswegs** by no means, in no way
die	**Badehose, –n** bathing trunks		**kaum** scarcely, barely
	bar in cash	der	**Knoblauch** garlic
	begießen* to water begoss, begossen	die	**Lesebrille, –n** (pair of) reading glasses
die	**Bibel, –n** Bible	der	**Pass, ⁚e** passport
der	**Bildschirm, –e** screen		**preiswert** (adj.) inexpensive
	blau blue; rare (of meat)	der	**Regenschirm, –e** umbrella
	blöd stupid	der	**Reisescheck, –s** traveller's check
die	**Brille, –n** (pair of) glasses	das	**Sonnenöl** suntan lotion
der	**Bundeskanzler, –** Federal Chancellor		**spätestens** at the latest
die	**Datei, –en** (data) file		**spazieren gehen*** to go for a walk ging . . . spazieren, ist spazieren gegangen
	durch•braten* to cook through (brät . . . durch), briet . . . durch, durchgebraten		**stimmen** to be right, be true
	einzig single	das	**Steak, –s** steak
		die	**Strafe, –n** fine, punishment
			töten to kill
			verabredet sein (mit) to have a date (with), be supposed to meet
			überhaupt at all
			zigmal umpteen times

Modal Auxiliaries

LEVEL TWO

A. Present Perfect and Future Tense of the Modal Auxiliaries: the Double Infinitive Construction.
Put the following modal sentences into the suggested new tense. The new sentences all require the double infinitive construction.

EXAMPLE: Das muss ich gleich erledigen. (*future*)
Das werde ich gleich **erledigen müssen.**

1. Ich konnte ihn nicht verstehen. (*present perfect*)

_____

2. Das darfst du ganz sicher nicht machen. (*future*)

_____

3. Mussten Sie jeden Samstag arbeiten? (*present perfect*)

_____

4. Du kannst ihn kaum erkennen. (*future*)

_____

5. Er will höchstwahrscheinlich bei uns übernachten. (*future*)

_____

6. Jeden Tag mussten wir fünf Kilometer joggen. (*present perfect*)

_____

7. Das können wir erst nächste Woche machen. (*future*)

_____

B. Omitting the Dependent Infinitive from Modal Expressions. *The following sentences are in various tenses. Omit the boldface infinitive, making any changes to the modals that may be required.*

EXAMPLES: Das muss man nicht **tun**.
Das muss man nicht.

but: Das haben wir nicht **tun** müssen.
Das haben wir nicht *gemusst*.

1. Was soll ich damit **machen**?

_____

2. Das haben wir nie **machen** dürfen.

_____

3. Nächstes Jahr wollen wir stattdessen nach Schweden **fahren**.

_____

4. Warum musstest *du* das **machen**?

_____

5. Das werden wir wohl **tun** müssen.

_____

6. Ich habe es einfach nicht **tun** können.

_____

7. Wir mussten schnell nach Hause **fahren**.

_____

8. Was soll denn das **bedeuten**?

_____

C. Situations. *Choose the modal suggested by the following contexts. Most of the choices are clear, but in some situations more than one modal may be appropriate.*

Past tense:

a. 1. Wir hatten gestern Abend Besuch. Ich _____ auf dem Weg nach Hause einkaufen.

  2. Ich _____ dich schon gestern fragen. Bist du mit dem Buch fertig?

  3. Gestern _____ es sonnig und warm sein, aber stattdessen hat's den ganzen Tag geregnet.

  4. Wir _____ das Stück überhaupt nicht. Es war zu lang und zu dumm.

  5. Er hat irrsinnig schnell gesprochen. Ich _____ ihn einfach nicht verstehen.

  6. Die Flugkarten hatten wir vergessen. Wir _____ schnell wieder nach Hause fahren.

  7. Als Kinder _____ wir zu Weihnachten bis Mitternacht aufbleiben.

  8. Er _____ immer Arzt werden, aber stattdessen ist er Bankier geworden.

  9. Du hast ihn nicht gesehen? Er _____ schon vorige Woche wieder im Lande sein.

  10. Wir haben ihn eingeladen, aber er _____ nicht kommen.

b. 1. Du hast 40 Grad Fieber gehabt? _____ du nicht ins Spital?

  2. Wir _____ ihn einladen, aber wir wussten seine Telefonnummer nicht.

Present perfect tense:

1. Hilfst du mir mit diesem Brief? Ich _____ Susis Handschrift nie lesen _____.

2. Als Kind _____ ich Erdnussbutter _____, aber jetzt kann ich das Zeug nicht mehr leiden.

3. In vielen Restaurants _____ man seit Jahren nicht mehr rauchen _____.

4. Wir _____ ewig lang Rom sehen _____.

5. Voriges Jahr _____ ich jeden Tag Heilgymnastik machen _____.

6. Sie _____ uns immer besuchen _____, aber es war immer ein Problem mit der Zeit.

7. Seine Großeltern sind Deutsche, aber nicht einmal als Kind _____ er Deutsch _____.

8. Warum ich das getan habe? Ich _____ es einfach _____.

D. Helfen, Lassen, Sehen, Hören. *Put the following sentences into the suggested tenses. (Remember to use the the **double infinitive** construction in the future and perfect tenses when there is a dependent infinitive in the original sentence.)*

1. Sehen wir ihn kommen? (*future*)

_____

2. Pst! Hören Sie etwas? (*present perfect*)

_____

3. Er ließ alles stehen und liegen. (*present perfect*)

_____

4. Hast du ihn nie vorher gesehen? (*past perfect*)

_____

5. Ich helfe euch morgen. (*future*)

_____

6. Hörst du das Telefon? (*present perfect*)

_____

7. Lasst ihr wirklich ein neues Haus bauen? (*present perfect*)

_____

8. Er half mir über die Straße. (*present perfect*)

_____

9. Wir sahen sie fast jeden Tag vorbeilaufen. (*present perfect*)

_____

10. Er half mir das Wohnzimmer aufräumen. (*present perfect*)

_____

*E. **Mini-Dialogues.***   *Use the following cues to form short dialogues in the suggested tenses.*

1. A: Du / trinken / aus / mein Glas   (*present perfect*)

   _____

   B: Verzeihung // das / wollen / ich / gar nicht   (*present perfect*)

   _____

2. A: Es / werden / schon zwölf Uhr   (*present perfect*)

   _____

   B: Das andere / können / erledigen / wir / nach / Mittagessen   (*future*)

   _____

3. A: Warum / Sie / müssen / bezahlen / ganz- Rechnung / ?   (*present perfect*)

   _____

   B: Ich / müssen / nicht   (*present perfect*)

   _____

   Ich / wollen / einladen / Sie / nur endlich einmal   (*present perfect*)

   _____

4. A: Du / aussehen / aber sehr elegant / !   (*present*)

   _____

   B: Danke // ich / lassen / anfertigen / Kleid / bei Lagermann   (*present perfect*)

   _____

   A: Geld / müssen / haben / man / nur / !   (*present*)

   _____

5. A: Ach // da / sein / du   (*present*)

   _____

   Ich / sehen / hereinkommen / dich / gar nicht   (*present perfect*)

   _____

   B: Du / sein / an / Telefon   (*past*)

   _____

   Ich / wollen / stören / dich nicht   (*present perfect*)

   _____

6. A: Er / sollen / werden / nächst- / Außenminister (*present*)

_____

B: Das / dürfen / sein / nicht wahr / ! (*present*) (I don't believe it!)

_____

7. A: Jetzt / sie (she) / müssen / erziehen / drei / klein / Kinder / allein (*present*)

_____

B: Können / wir / helfen / ihr nicht irgendwie / ? (*future*)

_____

F. More open Mini-Dialogues.   *Use the suggested verbs to complete the following conversational* *exchanges.*

1. A: Warum arbeitet sie Tag und Nacht in der Bibliothek?

   B: _____ . (müssen schreiben)

2. A: Dein Wagen sieht funkelnagelneu aus!

   B: _____ . (lassen waschen)

3. A: Ach, entschuldige! Ich wollte dich nicht erschrecken.

   B: _____ . (hören klopfen)

   A: Du warst total in dein Buch vertieft. Ich schaue später kurz vorbei.

   B: _____ . (sollen aufhören)

4. A: _____ ? (helfen tragen)

   B: Du, tut mir leid, ich hab' einen Bandscheibenschaden und darf nichts Schweres tragen.

5. A: Muss man immer von Paris nach London *fliegen*?

   B: _____ . (können nehmen)

6. A: Schau mal, da ist Elke. Wie lange sitzt sie schon an der Bar?

   B: _____ . (sehen reinkommen)

G. Reading.

„Du sollst nicht" is the stock beginning of all good commandments, an admonition most often honored in the breaking. The musings of a poor sinner are reproduced in written form below. Read the text below, then check your understanding of it by answering the questions at the end of this section.

Monolog eines Genießers: ein modales Mini-Drama
(A Gourmet's Monologue: a modal Mini-Drama)

Darf ich, soll ich? Nein, ich soll wirklich nicht . . . aber ein kleines Stück kann nicht schaden. Zu Schwarzwälder Kirschtorte kann ich nie „nein" sagen. Du, ich weiß, ich werde es bereuen, aber ich bin schwach. Morgen muss ich einfach zehn Minuten länger joggen. *Wie* viele Kalorien? O.K., O.K., *zwanzig* Minuten länger, du Pedant, du. Schlagsahne? Danke, sehr lieb, Herr Franz, aber ich muss auf meine Linie achten. Oder vielleicht doch ein *Soupçon*, sonst sieht die arme Torte so nackt und unvollkommen aus. Das Weiß passt so gut zum Rot der Kirschen. Schließlich soll der Mensch auch mit den Augen essen. Gibt es so was wie ein Fitness-Center für die Augen? Mmmm! Na, so ist richtig. Wollen wir dann vielleicht ein Kirschwasser trinken? Oder wäre das zu viel des Guten? Also gut, aber nachher muss ich einen Espresso trinken, denn ich muss meinen Monatsbericht bis morgen fertig schreiben und ich habe noch gut eine Stunde Arbeit.

Herr Franz, wollen Sie mir die Rechnung bringen? Und können Sie uns ein Taxi bestellen? Du, kann ich dich irgendwo absetzen? Komm, fahr doch mit! Um die Zeit soll man in dieser Gegend nicht herumspazieren. Also gut, aber pass auf. Du, wo wollten wir nächsten Freitag essen? *Chez Henri?* Toll, ich habe das Lokal von Anfang an gemocht. Und seine Gänseleberpastete ist fantastisch. Ein Gedicht, sage ich dir, ein Gedicht! Ciao, meine Liebe. Komm gut nach Hause.

Vocabulary for the Reading

der Genießer   a person devoted to food and drink, ranging from a gourmet to a gourmand
schaden   to harm, hurt
die Schwarzwälder Kirschtorte   Black Forest cherry cake
bereuen   to regret
die Schlagsahne   whipped cream
auf die Linie achten   to watch one's figure
der Soupçon   (French: a suspicion) just a touch, dab

nackt   naked
unvollkommen   unfinished
das Kirschwasser   cherry schnapps
zuviel des Guten   too much of a good thing
der Monatsbericht   monthly report
ab•setzen   to drop (off)
die Gegend   area, neighborhood
herum•spazieren   to wander around
die Gänseleberpastete   pâté de foie gras
ein Gedicht   (pure) poetry
ciao = tschüs

Questions

1. Wie groß ist das Personenregister (cast of characters) dieses kleinen Stücks?

2. Wo spielt das Drama?

3. Was spricht dafür, dass die zwei Gäste sehr gut befreundet sind?

4. Ist unser Sprecher zum ersten Mal hier im Haus? Warum meinen Sie das?

5. Warum will der Sprecher ein Taxi kommen lassen?

6. Wie oft treffen sich diese Leute zum Essen?

7. Worauf freut sich der Sprecher ganz besonders? (**sich freuen auf:** to look forward to)

Vocabulary for Chapter Five, Level Two

an•fertigen   to make
auf•räumen   to clean up, straighten up
der **Außenminister, –**   foreign minister
der **Bandscheibenschaden**   slipped disc
ein•kaufen   to shop, do the shopping
erledigen   to take care of
die **Erdnussbutter**   peanut butter
erschrecken   to frighten
erziehen*   to raise
    erzog, erzogen

funkelnagelneu   brand spanking new
die **Handschrift, –en**   handwriting
die **Heilgymnastik**   physical therapy
höchstwahrscheinlich   very probably
irgendwie   somehow
irrsinnig   much too, lit: crazy
stattdessen   instead
stören   to bother, disturb
übernachten   to spend the night
vertieft   immersed

Time Expressions

6

A. *Substituting Time Expressions.* Substitute the time expressions in parentheses for the time expressions underlined in the following sentences.

1. Ich bin für <u>eine Woche</u> nach Berlin gefahren. (ein Monat)

_____

2. Vor <u>zwanzig Minuten</u> war er in der Bibliothek. (eine Stunde)

_____

3. Wir sind seit <u>einem Monat</u> hier in Köln. (eine Woche)

_____

4. Ich gehe nur für <u>ein paar Stunden</u>. (der Abend)

_____

5. Ich treffe ihn gleich nach <u>seinem Seminar</u>. (seine Vorlesung)

_____

6. Wir waren über <u>zwei Wochen</u> in Hamburg. (ein Monat)

_____

7. In <u>einem Jahr</u> wird es zu spät sein. (ein Semester)

_____

8. Bis <u>zum Freitag</u>! (das nächste Mal) ("Until next time.")

_____

B. Mini-dialogues: Synthetic Exercises.   *Use the following cues to form the suggested short dialogues.*
Use the tense indicated in parentheses.

1. A: Fahren / ihr / nächst- / Monat / in Urlaub / ? (*present*)

    _____

    B: Ja // wir / fahren / für / Woche / nach Paris (*present*)

    _____

2. A: Vorbeikommen / Dieter / Freitagabend* / ? (*present*)

    _____

    B: Ja // er / kommen / immer / 7.15 (*present*)

    _____

3. A: Wo / sein / du / letzt- / Wochenende / ? (*present perfect*)

    _____

    B: Wir / sein / ganz / Zeit / zu Hause (*present perfect*)

    _____

4. A: Abholen / du / Eva / Abend / an / Bahnhof / ? (*present*)

    _____

    B: Nein // sie / ankommen / spät / in / Nacht (*present*)

    _____

5. A: Kommen / Klaus / letzt- / Woche / ? (*present perfect*)

    _____

    B: Ja // ich / sehen / ihn / Mittwoch (*present perfect*)

    _____

_____

Days of the week with parts of the day: **(am) Freitagabend.**

Note that under the new spelling reform the day of the week and the part of the day are written as one word. The **am**-formula is optional.

6. A: Woher / kennen / du / Willi / ? (*present*)

   _____

   B: Ich / kennen lernen / ihn / ein- Abend (gen.) / auf / ein / Party*   (*present perfect*)

   _____

7. A: Mitkommen / du / ? // Wir / fahren / über / Wochende / nach Straßburg (*present*)

   _____

   B: Nein // ich / müssen / arbeiten (*present*)

   _____

   Mein / Seminararbeit / müssen / sein / in / ein / Woche / fertig (*present*)

   _____

**auf is used *with meetings* in the sense of the English word "*at*"*

auf einer Tagung
at a convention

C. Mini-Dialogues: Fill-ins. *Complete the following short dialogues by supplying the appropriate time expressions.*

1. A: Seht ihr Ilse _____?
   (Thursday evening)

   B: Ja, wir treffen sie _____ im Restaurant.
   (at 7:45)

2. A: Sind die Schmidts hier in Freiburg?

   B: Sicher. Sie sind _____ angekommen.
   (a week ago)

3. A: Klara! Ich habe dich _____ nicht gesehen.
   (for years)

   Wo wohnst du jetzt?

   B: Ich bin _____ nach Berlin gezogen.
   (in 1996)

4. A: Wie ist das Wetter _____ hier?
   (in the fall)

   B: Nicht immer schön. _____ regnet es oft.
   (In November)

5. A: Wir brauchen den Bericht morgen.

   Wer kann _____ länger arbeiten?
   (this evening)

   B: Ich nicht (Not me!)! Ich habe es _____ gemacht.
   (the last time)

6. A: Bekommst du eine Beförderung _____?
   (next year)

   B: _____ weiß ich das.
   (In a month)

7. A: Hat Karin dich _____ erreicht?
   (yesterday afternoon)

   B: Nein. Wieso?

   A: Sie hat dich _____ angerufen.
   (four times)

8. A: Was machst du _____?
        (Saturday mornings)

   B: Normalerweise schlafe ich bis _____.
                                          (10:30)

9. A: Was hat Hanno _____ gemacht?
                        (yesterday evening)

   B: Er hat _____ vor dem Fernseher gesessen.
                    (all evening)

10. A: Den Wievielten haben wir heute?

    B: Heute ist _____.
                        (put in today's date)

D. Years and Ordinal Numbers.

1. When spelled out, years are written as one word.

1998   neunzehnhundertachtundneunzig
2003   zweitausenddrei

Express the following as years:

1. 1749: _____

2. 1812: _____

3. 1989: _____

4. 2005: _____

2. Day, month, and year

Dates on letterheads, documents and forms are given in the order *day, month,* and *year*. This includes the dates you enter on checks and credit card receipts. German students even commonly put the date on their lecture notes.

The longer form: den 29. November 1998 (den neunundzwanzigsten November 1998) is commonly abbreviated to: 29.11.98

Without any other context, the accusative of definite time is used.

When spoken, you can say either: den neunundzwanzigsten November 1998
                              or: den neunundzwanzigsten Elften 1998

Express the following dates as spoken forms:

1. 29.12.70   _____

_____

2. 05.02.89   _____

_____

3. 13.08.99   _____

_____

4. 22.10.03   _____

_____

E. *European and American Time.*

When traveling to or from Europe or when phoning between the two continents, you have to remember that you are dealing with a very significant time difference. Most of Europe uses Central European Time (**Mitteleuropäische Zeit** or **MEZ**) and this is

> 6 hours later than Eastern Time,
> 7 hours later than Central Time,
> 8 hours later than Rocky Mountain Time,
> and   9 hours later than Pacific Time.

So if you give your parents in California a quick call from Munich at about noon, you would be waking them up from a sound sleep at 3:00 in the morning.

Rule: remember, it is always earlier in the USA than it is in Europe.

Complete the following sentences after calculating the difference in time from Munich to the destination of your phone call in the U.S.:

    EXAMPLE:
        Um 3 Uhr nachmittags in München ist es **acht Uhr morgens** in Chicago.

1. Um 7 Uhr abends in München ist es _____ in Boston.

2. Um Mitternacht in München ist es _____ in San Francisco.

3. Um 4 Uhr nachmittags in München ist es _____ in Denver.

4. Um 11 morgens in München ist es _____ in Chicago.

As you see, calling from Europe is best done in the later afternoon or evening. Conversely, phoning from the U.S. to Europe is best in the morning and early afternoon, as the following exercise shows.

Complete the following sentences after calculating the difference in time from the origin of your call in the U.S. to a person in Munich.

    EXAMPLE:
        Um 9 Uhr morgens in Seattle ist es **sechs Uhr abends** in München.

1. Um 3 Uhr nachmittags in New York ist es _____ in München.

2. Um Mittag in Phoenix ist es _____ in München.

3. Um 11 Uhr vormittags in St. Louis ist es _____ in München.

4. Um 3 Uhr nachmittags in Los Angeles ist es _____ in München.

F. Completion Exercises.   *Complete the following sentences by supplying an appropriate time expression. In most cases there will be several time expressions that make sense.*

       EXAMPLE: **Abends** lerne ich meistens in meinem Zimmer.

1. Er fährt mindestens _____ pro Semester nach Hause.

2. Sie hat mich _____ angerufen.

3. Er wird nie fertig. Er hat _____ an der Uni studiert.

4. Meine Seminararbeit ist _____ fällig.

5. Könnt ihr uns vielleicht _____ besuchen?

6. _____ habe ich einen langen Brief von ihr bekommen.

7. _____ ist es besonders schön in Spanien.

8. Nein, ich habe sie _____ nicht gesehen.

9. Das Semester fängt _____ an.

10. _____ habe ich ziemlich viel zu tun.

G. What you do and when you do it.   *Use the following cues to form sentences, <u>adding an</u> <u>appropriate time expression</u>. In most cases there are a large number of possible sentences.*

EXAMPLE: (lernen)   **Am Nachmittag** lerne ich oft in der Bibliothek.

a. 1. (ins Kino) _____

_____ .

2. (fern•sehen) _____

_____ .

3. (haben / Deutschstunde) _____

_____ .

4. (müssen / arbeiten) _____

_____ .

5. (mehr Freizeit) _____

_____ .

6. (gehen / Ski laufen) _____

_____ .

7. (sehen / Freund [Freundin]) _____

_____ .

8. (gehen / ins Bett) _____

_____ .

9. (bekommen / B.A.) _____

_____ .

10. (fahren / nach Europa) _____

_____ .

b. 1. (auf•räumen / mein Zimmer) _____

_____ .

2. (geboren [give your birth date: day, month and year]) _____

_____ .

H. Reading.

There are many differences between German and American universities, ranging from dates of the academic year to the cost of studies to the amount of freedom that students have to use or abuse. It's a good idea to be aware of them in advance. Read the text below, then check your understanding of it by answering the questions at the end of this section.

Deutsche Universitäten
(German Universities)

Zum Studium an einer deutschen Universität braucht man das Abitur, und das bekommt man nach vier Jahren Grundschule und neun Jahren höherer Schule (oder Gymnasium). Als Äquivalenz müssen amerikanische Studenten und Studentinnen mindestens zwei Jahre College- oder Universitätsstudium hinter sich haben.

In Deutschland fangen die Universitätssemester im Oktober (Wintersemester) oder im April (Sommersemester) an und dauern 14 bis 16 Wochen. Neue Studenten dürfen in beiden Semestern anfangen. Wenn Sie in Deutschland studieren wollen, ist es am einfachsten, Sie nehmen an einem „Junior Year Abroad" Programm teil. In diesen Programmen kann man normalerweise amerikanische „Credits" bekommen und diese werden dann von amerikanischen Universitäten und Colleges anerkannt.

Aber Sie können auch alles selber arrangieren. Dann geht es so: sagen wir, Sie wollen im Herbst (also im Wintersemester) anfangen. Schon im April müssen Sie an das Akademische Auslandsamt der Universität schreiben und um einen Antrag auf Zulassung bitten. Ungefähr einen Monat später bekommen Sie das Formular und schicken es mit ihren Unterlagen (Abiturzeugnis, „transcripts", usw.) ein. Einige Wochen später bekommen Sie Ihren Zulassungsbescheid und einen genauen Termin für Ihre Einschreibung. Der Termin ist immer ein paar Wochen vor dem Anfang des Semesters, z.B. „den fünften Oktober, am Morgen, zwischen 8 und 12 Uhr". Kommen Sie lieber etwas früher als etwas später zur Einschreibung, sonst müssen Sie vielleicht stundenlang warten, bis Sie dran sind (oder wochenlang warten, wenn Sie den Termin verpassen).

Bei der Einschreibung bekommen Sie ein Studienbuch und einen Studentenausweis und Sie sind damit offiziell ein Student für das kommende Semester. Was kostet das Studium für ein Semester? Seit vielen Jahren gibt es keine Studiengebühren. Sie bezahlen bloß ein paar hundert Euro für die sozialen Beiträge. Dafür haben Sie nicht nur Zugang zur Universität (Vorlesungen, Seminaren, Bibliotheken, Computerzentrum, Mensa, usw.) sondern Sie können auch alle Bus- und Straßenbahnlinien und auch die Nahverkehrszüge kostenlos benutzen. Auch bekommt man am Abend verbilligte Opern- und Theaterkarten und tagsüber verbilligte Eintrittskarten für Museen und andere Sehenswürdigkeiten.

Sie müssen sich jedes Semester rückmelden und erneut die sozialen Beiträge bezahlen, aber das können Sie leicht per Post machen. Und in den meisten Fächern wird Sie niemand nach Ihren Kursen oder Ihren Noten fragen. Es gibt keinen „dean of students", auch keinen „registrar". *Sie* sind von nun an selbst verantwortlich für Ihr Studium.

Vocabulary for the Reading

das Studium   study
das Abitur   degree defined in text
dauern   to take (of time)
anerkannt   recognized
der Antrag   application
die Zulassung   admission
die Unterlage, –n   record
das Zeugnis   document
der Bescheid   notification
der Termin   date, appointment
die Einschreibung   registration
dran sein   to be one's turn
verpassen   to miss (an appointment)

das Studienbuch   booklet showing the number of semesters studied
der Studentenausweis   student ID
die Gebühren (pl.)   tuition
der Beitrag, ¨e   fee
der Zugang   admittance, access
der Nahverkehrszug, ¨e   local train
kostenlos   for free
verbilligt   reduced in price
sich rückmelden   re-register
erneut   once again
das Fach, ¨er   subjects, fields of study
verantwortlich   responsible

Questions

1. Was brauchen Deutsche um an einer deutschen Universität zu studieren? Wieviel Schulung (schooling) brauchen sie?

_____

_____

2. Was müssen amerikanische Studenten und Studentinnen als Äquivalenz haben?

_____

_____

3. Wie nennt man die Semester in Deutschland? Wann fangen sie an?

_____

_____

4. Wie lange dauern die Semester?

_____

5. Was sind die Vorteile (advantages) von einem „Junior Year Abroad" Programm?

_____

_____

6. Wie lange im Voraus muss man als Amerikaner/in um einen Antrag auf Zulassung bitten?

_____

7. a. Wie genau ist der Termin für die Einschreibung?

_____

_____

b. Wann sollte man zur Einschreibung kommen? Warum?

_____

_____

8. a. Wieviel kostet das Studium für ein Semester?

_____

b. Was bekommt man alles für sein Geld?

_____

_____

_____

9. Was muss man jedes Semester tun?

_____

10. Wieso sind die Studenten selbst verantwortlich für ihr Studium?

_____

_____

Vocabulary for Chapter Six

ab•holen   to pick up
auf•räumen   to straighten up
der **Bahnhof, ¨-e**   train station
die **Beförderung, –en**   promotion
der **Bericht, –e**   report
die **Deutschstunde, –n**   German class
erreichen   to reach
fällig   due
fern•sehen*   to watch TV
   (sieht . . . fern, sah . . . fern,
   ferngesehen)
geboren sein   to be born
kennen lernen   to meet, get to know

mindestens   at least
die **Seminararbeit, –en**   paper
treffen*   to meet
   (trifft), traf, getroffen
der **Urlaub**   vacation
   in Urlaub   on vacation
vorbei•kommen*   to come by, drop by
   kam . . . vorbei, ist vorbeigekommen
die **Vorlesung, –en**   lecture
das **Wochenende, –n**   weekend
ziehen*   to move
   zog, ist gezogen

Comparison of Adjectives and Adverbs

7

A. Comparative. *Put the boldfaced adverbs and adjectives into the comparative. (Some of the adjectives are attributive adjectives that add endings to the comparative stem.)*

a. 1. Geht's dir endlich wieder **gut**?

_____

  2. Sein letzter Film war **amüsant**.

_____

  3. Taschenbücher sind **teuer** geworden.

_____

  4. Hast du keinen **dicken** Pulli mitgebracht?

_____

  5. Ich arbeite eigentlich **gern** zu Hause.

_____

  6. Er ist sichtlich **alt** geworden.

_____

  7. Das Leben in der Großstadt ist sogar **hektisch** und **stressig** geworden.

_____

  8. Nimm *du* (*You* take) das **große** Stück. Ich nehme das **kleine.**

_____

  9. Das letzte Mal hat er es **schnell** erledigt.

_____

 10. Komisch! Diese Hose ist **eng** geworden.

_____

b. 1. Ihn finde ich eigentlich **sympathisch**.

_____

   2. Ich brauche einen **warmen** Mantel.

_____

   3. Viele **alte*** Leute bleiben sehr fit.

_____

   4. Wir planen eine **lange*** Reise für den Herbst.

_____

B. Superlatives.   *Put the boldfaced adjectives and adverbs into the **am**_____**sten** form of the superlative.*

 1. Im Viertelfinale hat Martina **gut** gespielt.

_____

 2. Unsere Kinder essen **gern** Pizza.

_____

 3. Ist der Bodensee wirklich **tief**?

_____

 4. Am Bauernmarkt ist das Gemüse immer **frisch**.

_____

 5. Ich finde Mathe **langweilig**.

_____

 6. In einer Loge sitzt man **bequem**.

_____

 7. Die letzte Erklärung ist **wahrscheinlicher**.

_____

 8. Für ihn war Geld immer **wichtig**.

_____

_____

*These last sentences are examples of comparatives that don't really compare anything.

Both German and English can talk about "older people" or "younger people" or "the finer things in life" without an explicit comparison being made. Your very first trip can be „**eine längere Reise**"; it just means you're taking "quite a long trip."

C. Superlatives with Adjective Endings. *Change the superlatives from the am* _____ *sten form to the alternate form with adjective endings.*

> EXAMPLE: Von den fünf Kindern war er **am bravsten.**
> Von den fünf Kindern war er **das bravste.**

1. Helgas Beitrag (masc.) war **am wertvollsten.**

   _____

2. Nicht fair! Deine Portion ist **am größten.**

   _____

3. Von all seinen Romanen (masc.) ist *Die Blechtrommel (The Tin Drum)* **am amüsantesten.**

   _____

4. Er war nie **am klügsten.**

   _____

5. Für mich ist diese Erklärung **am deutlichsten.**

   _____

6. Toll, Maria! Du bist ganz einfach **am besten!**

   _____

D. Forcing Contexts. *Certain contexts force one to choose the positive, the comparative, or the superlative. Taking your cues from the following sentences, put the adjective or adverb in parentheses into the appropriate form.*

a. 1. Es war der ___schrecklichste___ Tag meines Lebens. (schrecklich)

   2. Heute ist es nicht so ___kalt___ wie gestern. (kalt)

   3. Eine ganze Woche ohne Fernsehen? Ich bringe mich ___lieber___ um. (gern)

   4. Von all meinen Freunden ist Elke mit Abstand die ___amüsantesten___. (amüsant)

   5. Gegenstände im Rückspiegel sind ___näher___, als man denkt. (nah)

   6. Diese Möglichkeit ist weniger ___attraktives___. (attraktiv)

   7. Nächste Woche soll es sogar noch ___kalter___ werden. (kalt)

   8. Dieser Wagen ist gut, aber der da gefällt mir ___am besten___. (gut)

   9. Diese Lösung ist ___eleganter___ als die andere. (elegant)

   10. Handys sind immer ___billig___ geworden. (billig)

b. 1. Selten habe ich ein ___dummes___ Buch gelesen. (dumm)

   2. Er ist ein wirklich ___clever___ Typ. (clever)

E. Cued Exercises. *Choose an adjective from the following list to form the suggested sentence. The context will tell you whether to use the positive, comparative or superlative.*

alt / jung	einfach / kompliziert	erst / letzt
interessant / langweilig	nett / unangenehm	
reich / arm	egoistisch / sympathisch	
groß / klein / eng	wahrscheinlich / unwahrscheinlich	
dick / dünn	glücklich / unglücklich	
viel / wenig	teuer / billig	

EXAMPLE: Von / drei / Buben / Peter / sein / mit Abstand / _____ .
Von den drei Buben ist Peter mit Abstand **der netteste**.

(Most of the adjectives on the list would be logical here; but whichever one you choose, the context forces you to put it into the superlative.)

1. Hans / sein / zwanzig Jahre / *jünger* / als / Frau

   Hans ist zwanzig Jahre jünger als die Frau

2. Es / sein / *nettesten* / Tag / mein / Leben

   Es ist die nettesten Tag mein Leben.

3. Ihr / zweit- / Mann / sein / weniger _____ / als / erst-

   _____

4. Dies- / Hose / sein / viel zu / *dick*

   Diese Hose sind viel zu dick.

5. Ein Haus / sein / viel / *größer* / als / Wohnung

   Ein Haus ist viel größer als ein Wohnung.

6. Dies- / Theorie / sein / mit Abstand / *unangenehm*

   Diese Theorie ist mit Abstand unangenehm

7. Je _____ / er / essen // desto _____ / er / werden

   _____

8. Dies- / Computerspiel / sein / viel zu / *kompliziert* / für / klein / Kinder

   Diesen Computerspiel ist viel zu kompliziert für kleine Kinder

9. Er / wollen / haben / immer / *viel* / Wort

   Er willt haben immer viel. Wort.

F. Mini-Dialogues using superlative adverbs ending in –stens. *There is a large group of one-word adverbs that end just in –stens. **Spätestens** is a good example; you can see that it is built on the superlative stem **spätest-**, but it can stand alone without the **am spätesten** matrix that you are used to seeing.*

EXAMPLE: Ich brauche den Scheck **spätestens** bis morgen.
            (I need the check by tomorrow *at the latest*.)

Below is a list of the most common of these adverbs. As you can see from the translations, they don't always correspond to superlatives in English usage, but they are superlatives nevertheless.

frühestens	at the earliest	**spätestens**	at the latest
neuestens	(very) recently	**wenigstens**	at least, at the very least
mindestens	at least (with amounts)	**schnellstens**	very quickly, fast
nächstens	very soon, shortly	**höchstens**	at most
meistens	usually		

Ordinal adverbs (*first, second, third . . . last*) fit logically into this group. The only difference is that some of the ordinal adverbs end just in **-tens** rather than **-stens**.

erstens	first, in the first place	**zweitens**	second, in the second place
drittens	thirdly	**letztens**	lastly (can also mean "recently")

The following exercise gives you some conversational contexts in which these "**-stens**" adverbs commonly occur. Choose the appropriate adverb from the list above.

1. A: Aber du hast gar nichts gegessen.

   B: _____ bin ich nicht hungrig, und _____ hasse ich Käsemakkaroni.
      (In the first place)   (in the second place)

   A: Und _____ ?
           (in the third place)

2. A: Verdammtnochmal!! Ich habe die neue Preisliste zu Hause vergessen.

   B: Kein Problem—ich faxe sie dir und du hast sie _____ morgen früh.
                                                    (at the latest)

3. A: Heike hat uns für Freitagabend eingeladen.

   B: Ach, schade—ich bleibe noch drei Tage in Hamburg und bin _____ Samstag
                                                                (at the earliest)
      wieder zu Hause.

4. A: Wie alt ist das Mädchen dort?

   B: Sie kann _____ sechzehn sein.
               (at most)

5. A: Wir müssen _____ den Wagen waschen.
(very soon)

   B: Was heißt *wir*?

6. A: Darf ich _____ den Wein bezahlen?
(at least)

   B: Nein, diesmal sind Sie mein Gast.

7. A: Ich will nur ein Bier trinken. Warum muss ich meinen Führerschein zeigen?

   B: Hier in den Staaten muss man _____ einundzwanzig Jahre alt sein.
(at least)

8. A: Hast du Udos Geburtstagsgeschenk mitgebracht?

   B: Ich Idiot! Ich fahre _____ nach Hause und hole es.
(fast)

9. A: Wo macht ihr dieses Jahr euren Skiurlaub?

   B: Wir fahren _____ nach St. Anton, aber diesmal fahren wir nach St. Moritz.
(usually)

10. A: Aber ich brauche das Buch dringend.

    B: Tut mir furchtbar leid, aber es ist _____ im September wieder erhältlich.
(at the earliest)

G. *Super-superlatives.*

Superlatives can be made even more superlative by adding the prefix **aller-** to the superlative stem or by introducing the superlative expression with the phrase **mit Abstand** (by far).

EXAMPLES: Du bist mein bester Freund.
                    Du bist mein **aller**bester Freund.
                    (You're my *very best* friend.)

                    In den 90er Jahren war DOS das populärste Betriebssystem.
                    In den 90er Jahren war DOS **mit Abstand** das populärste Betriebssystem.
                    (In the 90's DOS was *by far the most popular* operating system.)

a. Make a few super-superlatives yourself and say them aloud.

1. Für viele Kinder ist der Teddybär **das beliebteste** Kuscheltier. (Both forms are possible.)

2. Coca Cola ist **die bekannteste** Marke auf der ganzen Welt. (Both forms are possible.)

3. Ich habe nur **das Nötigste** gepackt. (Only **aller-** works here.)

4. Aber **am liebsten** sitze ich sonntags zu Hause und schaue fern. (Use **aller-** with adverbs and predicate adjectives that use the **am** _____**sten** matrix.)

5. **Am besten** fahren Sie über Salzburg.

6. Du bist **der dümmste**!

b. Now choose a few superlatives from the following list to make your own sentences with super-superlatives.

der/die/das schnellste	am einfachsten
der/die/das wichtigste	der/die/das bequemste
am meisten	der/die/das hässlichste
der/die/das erste	der/die/das letzte
am kältesten	der/die/das eleganteste

1. _____

2. _____

3. _____

4. _____

5. _____

6. _____

H. *Reading.*

What a snob thinks and what he says can be very different things. Read the text below, then check your understanding of it by answering the questions at the end of this section.

Der Snob auf dem Hochzeitsempfang
(The Snob at the Wedding Reception)

Der Snob (für sich) Das soll ein Brautkleid sein? Ich habe schickere Schlafröcke gesehen. Sieht aus wie ein Karnevalskostüm! Naja, sie ist nicht mehr die jüngste und längst nicht mehr die schlankste. Oder steckt etwas anderes dahinter?

Der Snob (laut) Meine Liebste, nie habe ich eine schönere Braut gesehen. Und dein Kleid! Ein Triumph, sag' ich dir! Du bist ganz einfach eine Vision. Die Brautjungfern sind alle grün vor Neid.

Der Snob (für sich) Was heißt grün vor Neid? Sie sind eher alle blau. Wie sie diesen giftigen Sekt saufen! Sie werden nächstens auf den Tischen tanzen. Und der Bräutigam, der Bräutigam! Kein Frack sondern ein Smoking—und wache ich? träume ich?—trägt er weiße Socken? Ich falle um. Und dazu noch ein rosa Hemd! Wirklich das Allerletzte!

Der Snob (laut) Na, mein liebster Reinhard, du hast's geschafft! Ich gratuliere zur hübschesten Braut in ganz Berlin. Ich wünsche euch das Allerbeste. Zum Wohl!

Der Snob (für sich) Pfui! Champagner soll das sein? Schmeckt wie Mundwasser. Ich koche mit besseren Weinen. Und was ist diese Ohrenbeleidigung? Ein Orchester nennt sich das? Naja, es könnte schlimmer werden: sie könnten „Feelings" spielen. Oje! Da sind die Eltern der Braut. Papa in seinem gemieteten Frack. Er schaut aus wie ein besserer Oberkellner. Und Mama! Sehe ich richtig? Sie trägt schwarz! Ist das eine Hochzeit oder ein Begräbnis?

Der Snob (laut) Liebe Frau Borowitz, lieber Herr Borowitz, Sie müssen vor Stolz platzen. Das ist der Empfang des Jahres. Ein Triumph, ein Triumph!

Der Snob (halblaut) Komm, Fifi. Wir gehen!

Vocabulary for the Reading

für sich   to himself (herself)
das Brautkleid   wedding dress, wedding gown
schick   chic, stylish
der Schlafrock, -̈e   nightgown
schlank   slim, slender
laut   aloud
die Brautjungfer, -n   bridesmaid
grün vor Neid   green with envy
blau   *here:* drunk
giftig   poisonous
der Sekt   sparkling white wine
saufen   to swill down
nächstens   the next thing you know
der Bräutigam   bridegroom

der Frack   tails, cutaway
der Smoking   tuxedo, dinner jacket
wachen   to be awake
träumen   to dream
das Allerletzte   really too much, the last straw
Du hast es geschafft!   You've done it!
das Mundwasser   mouthwash
die Ohrenbeleidigung   insult to the ears
gemietet   rented
der Oberkellner   headwaiter
das Begräbnis   funeral
vor Stolz platzen   to be bursting with pride
der Empfang   reception

Questions

1. Wie alle Snobs hat unser Snob eine böse Zunge (wicked tongue). Was meint er, wenn er fragt, ob „etwas dahinter steckt?"   2. 7 3

2. Was kritisiert er an den Brautjungfern?

   Weil er mit ihrem Idee was es
   macht da.

3. Was sagt der Snob zur Garderobe des Bräutigams?

   Das es muss schnell gehen.

4. Ein Heuchler (hypocrite) sagt eines und meint etwas anderes. Geben Sie ein paar Beispiele von der Heuchelei unseres Snobs.

   Auf 7 5 sagt er das es ein Hypokrit
   ist und gehört nicht das Haus.

5. Wie beleidigt (insults) er den Brautvater? Die Brautmutter?

   Wenn er sagt das er ein
   Hypocrite ist,

6. Wer—oder was—ist Fifi?

   Ein afchicuma

I. So eine Party! *Although we know that it is contrary to your nature, describe a recent party you've been to from a snob's point of view.*

_____

_____

_____

_____

_____

_____

_____

_____

_____

_____

_____

Vocabulary for Chapter Seven

der **Abstand, ⁼e** distance
    mit Abstand by far
der **Bauernmarkt, ⁼e** farmers' market
der **Beitrag, ⁼e** contribution (e.g., a paper or an article)
der **Bodensee** Lake Constance
    brav well-behaved
der **Bub, –en, –en** boy
    egoistisch self-centered
    eng tight
    erhältlich available
die **Erklärung, –en** explanation
    erledigen to take care of
    fern•schauen to watch TV
der **Führerschein, –e** driver's license
    furchtbar awful
das **Geburtstagsgeschenk, –e** birthday present
der **Gegenstand, ⁼e** object
das **Gemüse** vegetables
das **Handy, –s** cell(ular) phone
    hässlich ugly
    hektisch hectic
der **Herbst** fall, autumn

die **Käsemakkaroni** (pl.) macaroni and cheese
    klug clever
das **Kuscheltier, –e** stuffed (toy) animal
die **Loge, –n** loge; (theater) box
die **Lösung, –en** solution
die **Marke, –n** brand, brand name
die **Mathe(matik)** math(ematics)
    nötig necessary
der **Pulli, –s** sweater, pullover
der **Rückspiegel, –** rearview mirror
    schrecklich terrible
    sichtlich visibly
die **Staaten** (pl.) the States (U.S.A.)
    stressig stressful
    sympathisch likeable, nice
das **Taschenbuch, ⁼er** paperback
die **Theorie, –n** theory
    um•bringen to kill
    brachte . . . um, umgebracht
    Verdammtnochmal! Dammit!
das **Viertelfinale** quarterfinal
    wertvoll valuable

Passive Voice

8

LEVEL ONE

A. Changing Tenses.   *Put the following passive sentences into the suggested new tenses.*

a. 1. Wie wird das alles finanziert?   (*past*)

_____

2. Du wirst gar nicht gefragt.   (*present perfect*)

_____

3. Nach Weihnachten werden die Preise stark herabgesetzt.   (*present perfect*)

_____

4. Alles wird genau untersucht.   (*past perfect*)

_____

5. Nach jeder Pressekonferenz wird er mit Fragen bestürmt.   (*past*)

_____

6. Die Tagesschau wird um sieben und noch einmal um elf gesendet.   (*present perfect*)

_____

7. Er wird ständig vom Moderator unterbrochen.   (*past*)

_____

8. Die Verhandlungen werden erneut abgebrochen.   (*present perfect*)

_____

9. Du wirst ganz sicher eingeladen.   (*future*).

_____

10. Goldfinger wird von Gerd Fröbe gespielt.   (*past*)

_____

b. 1. Die Wohnung wird total renoviert.   (*past perfect*)

_____

   2. Das Tonband wird unabsichtlich gelöscht.   (*past*)

_____

   3. Er wird dauernd unterbrochen.   (*present perfect*)

_____

   4. Ihr Gehalt wird auf 6000 Euro im Monat erhöht.   (*past*)

_____

   5. Zwei Flugkarten werden auf meinen Namen gebucht.   (*present perfect*)

_____

B. Mini-Dialogues.   *Use the cues and the passive voice to complete the following conversational exchanges. Let the context determine the tense of the verb.*

1. A: Was ist der Unterschied zwischen „verhaften" und „gefangen nehmen"?

   B: Verbrecher / verhaftet // Soldaten / gefangen genommen

   _____

2. A: Wie lange habt ihr diesen Teppich?   Er ist fantastisch!

   B: Er / geliefert / erst gestern

   _____

3. A: Du lieber Himmel!   Wurde sie schwer verletzt?

   B: Sie / geliefert / Krankenhaus

   _____

   Aber am nächsten Tag / sie / entlassen / wieder

   _____

4. A: Die ersten zehn Minuten von der Aufnahme fehlen.

   B: Sie / gelöscht / unabsichtlich

   _____

5. A: Guten Abend, wie kann ich Ihnen helfen?

   B: Tisch / reserviert / auf meinen Namen

   _____

6. A: Wie / Name / ausgesprochen / ?

   _____

   B: *Mercedes* wie Mercedes Benz.

7. A: Hat man den Täter gefunden?

   B: Nein // er / gesucht / noch

   _____

8. A: Wann / Amerika / entdeckt / ?

   _____

   B: Hör auf mit deinen blöden Fragen!

C. *More Open Situations.* *Complete the following conversational exchanges, using the passive voice. Include the suggested past participle, and give your sentence some color by using adverbial expressions (time, manner or place).*

1. A: Warum nehmen Sie soviel Vitamin A?

   B: _____ . (empfohlen)

2. A: Ich hatte gestern einen Unfall.

   B: _____ ? (verletzt)

3. A: Ich habe den Film leider verpasst.

   B: _____ . (gezeigt)

4. A: Warum kaufst du deine Weihnachtsgeschenke erst im Januar?

   B: _____ . (herabgesetzt)

5. A: Der letzte Bus fährt um Mitternacht. Wie kommst du nach Hause?

   B: _____ . (gebracht)

6. A: Muss man Rippchen mit Messer und Gabel essen?

   B: _____ . (gegessen)

7. A: Du Faulpelz! Was liegst du solange im Bett?

   B: _____ . (gefeiert)

8. A: _____ ? (abgesagt)

   B: Die beiden Tenöre waren erkältet.

9. A: Ich habe das Paket immer noch nicht bekommen.

   B: _____ . (abgeschickt)

10. A: Ich habe Rolf ewig nicht mehr gesehen.

    B: _____ . (gefeuert)

Vocabulary for Chapter Eight, Level One

ab•brechen* to break off
(bricht . . . ab), brach . . . ab,
abgebrochen

ab•sagen to cancel

die **Aufnahme, –n** recording

aus•sprechen* to pronounce
(spricht . . . aus), sprach . . . aus,
ausgesprochen

bestürmen to storm

blöd stupid

dauernd constantly

entdecken to discover

entlassen* to release, let go
(entlässt), entließ, entlassen

erhöhen to raise

erkältet sein to have a cold

erneut once again

der **Faulpelz, –e** lazybones

fehlen to be missing

feiern to celebrate, "party"

feuern to fire, dismiss

die **Gabel, –n** fork

gefangen nehmen* to take prisoner
(nimmt . . . gefangen), nahm . . .
gefangen, gefangen genommen

das **Gehalt, ⸚er** salary

herab•setzen to lower, reduce (prices)

liefern to deliver

löschen to erase

das **Messer, –** knife

das **Rippchen, –** (spare)ribs

senden to broadcast

der **Soldat, –en, –en** soldier

die **Tagesschau** proper name of a German
news program

der **Täter, –** culprit, perpetrator

der **Teppich, –e** carpet, rug

das **Tonband, ⸚er** (audio)tape

unabsichtlich unintentional(ly),
accidental(ly)

unterbrechen* to interrupt
(unterbricht), unterbrach,
unterbrochen

untersuchen to investigate, examine

der **Verbrecher, –** criminal

verhaften to arrest

die **Verhandlung, –en** negotiation

verletzen to injure

verpassen to miss

versetzen to transfer

das **Weihnachtsgeschenk, –e** Christmas
present

Passive Voice

LEVEL TWO

A. Fill-ins: True or False Passive. *A true passive focuses on an* **action**. *The false passive focuses on a* **condition** *and is really just a form of* **sein** *+ a predicate adjective.*

TRUE PASSIVE   Ich **werde** morgen operiert.   I *am being operated on* tomorrow. (action)
FALSE PASSIVE   Ich **bin** erschöpft.   I *am* exhausted. (condition)

Use the following contexts to make true passive or false passive sentences.

1. Wir sind Zwillinge. Wir _____ dauernd miteinander verwechselt.

2. Erst _____ der Tisch gedeckt; dann können wir essen.

3. Tut mir leid, aber *Der Spiegel* _____ ausverkauft. Aber der neue kommt morgen.

4. Sie hat so e nen Leben Brief geschrieben; ich _____ wirklich gerührt.

5. Die Nachrichten _____ mindestens dreimal am Tag gesendet.

6. So was darfst du nicht sagen. Ich _____ echt beleidigt.

7. Botschafter _____ ernannt, nicht gewählt.

8. Endlich _____ der Wagen repariert. Jetzt können wir weiterfahren.

9. Jetzt _____ Toyotas in den Staaten hergestellt.

10. Der Fall _____ geklärt. Jetzt weiß man, wer der Mörder ist.

B. Passive Sentences with no Apparent Subjects at all.

Many passive sentences have **es** as their subjects. But if another sentence element, e.g. a time expression, is moved to the head of the sentence, the **es** disappears, leaving a sentence with no apparent subject.

Redo the following sentences by beginning with the element in boldface.

1. Es wird **ab elf Uhr** nicht mehr serviert.

   _____

2. Es wird **zuerst** aufgeräumt; dann wird ferngesehen.

   _____

3. Es wird **am Wochenende** nicht geliefert.

   _____

4. Es wird **heute Abend** gefeiert.

   _____

5. Es wurde **vor dem Rathaus** demonstriert.

   _____

C. Passive with Modal Auxiliaries. *Add the suggested modals to the following sentences, making any other necessary changes. The tense of the original sentence will determine the tense of your new sentence.*

EXAMPLE: Der Teppich wurde gereinigt. (müssen)
Der Teppich *musste* gereinigt *werden.*

1. Nach dem Erdbeben von 1906 wurde San Francisco wieder aufgebaut. (müssen)

_____

2. Alle 5 000 km* wird das Öl gewechselt. (sollen)

_____

3. Diese Möglichkeit wird natürlich nicht ausgeschlossen. (können)

_____

4. Weitere Versuche wurden durchgeführt. (sollen)

_____

5. Unregelmäßige Verben werden einfach auswendig gelernt. (müssen)

_____

6. Dieser mysteriöse Fall wurde nie aufgeklärt. (können)

_____

7. In der Nähe eines Spitals wird nicht gehupt. (dürfen)

_____

8. Ein zweiter Arzt wurde hinzugezogen. (müssen)

_____

*km = Kilometer

D. Open Mini-Dialogues. *Complete the following conversational exchanges, using the passive voice (with a modal where possible). Include the suggested past participle, and give your sentence some color by using adverbial expressions (time, manner or place).*

1. A: _____ . (gereinigt)

   B: Tja, das ist immer ein Problem mit einem jungen Hund.

2. A: Herr Ober, haben Sie einen Aschenbecher für mich?

   B: _____ . (geraucht)

3. A: _____ ? (buchstabiert)

   B: Viktor-Anton-Ida-Ludwig.

   A: Sehr gut, Herr Vail, ein Vierertisch für Freitag um acht.

4. A: Mama, können wir fernschauen?

   B: _____ . (aufgeräumt)

5. A: Steffi, deine Wohnung ist eine Katastrophe!

   B: _____ . (gefeiert)

E. Cooking your Goose: *What the turkey is to us, the goose is to the Germans and the Austrians, especially at Christmastime* **(Weihnachten).** **Die Weihnachtsgans** *is traditionally stuffed with chestnuts* **(Kastanien),** *then oven roasted.*

Supply the appropriate forms of **werden** *and you will have the traditional recipe for roast goose as it is prepared in German-speaking countries.*

1 frische Gans	geschälte Kastanien
Pfeffer	Butter oder Öl
Salz	Cognac
Majoran	

Eine frische, junge Gans _____ für eine Stunde in kaltes Wasser gelegt. (Das Wasser

_____ dabei drei- oder viermal erneuert.) Sie _____ gut abgetrocknet und

innen mit Salz, Pfeffer und Majoran eingerieben. Die Kastanien _____ für einige

Minuten in kochendes Wasser gelegt und die Schalen _____ abgezogen. Die Gans

_____ dann mit den Kastanien gefüllt und gut zugenäht. Nun _____ die

Gans mit Butter oder Öl bestrichen und in eine Bratpfanne gelegt. Sie _____ in einem

heißen Backofen gebraten (pro kg ungefähr eine Stunde bei 180 Grad). Sehr wichtig: die Gans soll

möglichst oft mit dem Bratenfett und heißem Wasser begossen _____, und zum Schluss

_____ sie mit Cognac bestrichen, damit die Haut knusprig wird. Der Bratensaft

_____ dann entfettet und als Soße verwendet.

Als Beilagen _____ traditionell Rotkraut, Apfelkompott und Salzkartoffeln serviert.

Guten Appetit!

F. *Reading.*

Spring is a paradoxical season. Just when the rest of creation is fully energized and active, we humans are sometimes victims of that old fever that makes us passive. Read the text below, then check your comprehension of it by answering the questions at the end of this section.

Im passiven Monat Mai

Im Frühling wird die Natur aktiver—ich aber werde passiver. Wenn man mir sagt, „Du sollst im Garten arbeiten," werde ich bockig. „Du sollst arbeiten" ist für mich ein Befehl, fast ein elftes Gebot. *„Man* soll im Garten arbeiten" ist viel freundlicher. *Man* geht *mich* nicht zu persönlich an. Aber am allerbesten ist das Passiv: *„Es soll im Garten gearbeitet werden."* Durch das *es* ersetzt, bin *ich* aus dem Bild verschwunden.

In der Tierwelt ist das Passiv genauso nützlich. Der Satz „Die Vögel paaren sich im Mai" ist einfach zu plump, zu graphisch. Man ist ein Zuschauer bei der Paarung, fast ein Voyeur. Aber der passive Satz „Im Frühling wird gepaart" ist eine dezente, abstrakte Formulierung—salonfähig sogar. Man schafft eine diskrete Distanz zu dem, was im Gebüsch passiert.

Ähnlich geht's an der Uni zu. Man hört den ewigen Frühlingsschrei des Studenten: „Ich soll meine letzte Seminarbeit spätestens bis Montag einreichen!" Implizit ist, dass große Pläne für das Wochenende geändert werden müssen. Eine Tragödie! Formulieren wir es lieber im Passiv: „Die letzte Seminararbeit muss spätestens bis Montag eingereicht werden." Irgendwie bin ich persönlich nicht mehr im Spiel; vielleicht soll irgendeine dritte Person das Ding einreichen. Oder noch besser: durch den Zauber des Passivs habe ich die Arbeit für sich selber verantwortlich gemacht.

In Grammatiken wird dann und wann gesagt, dass das Passiv nicht oft benutzt wird. Quatsch! Ich liebe das Passiv und benutze es täglich—vor allem im Mai.

Vocabulary for the Reading

bockig stubborn
der Befehl order, command
das Gebot commandment
geht mich an concerns me
ersetzt replaced
verchwinden to disappear
    verschwand, verschwunden
nützlich useful
sich paaren to mate
plump awkward
der Zuschauer spectator
salonfähig fit for polite company

schaffen to create
das Gebüsch bushes
passieren to happen, go on
ewig eternal
der Schrei cry, call
im Spiel sein to be involved
der Zauber magic
für sich selber verantwortlich responsible
    for itself
die Grammatik, –en [*here*] grammar book
benutzen to use
Quatsch! Nonsense!

Questions

1. a. Was ist der Unterschied zwischen einem Befehl und einem Gebot?

   _____

   _____

   b. Warum ist das Wort „man" freundlicher?

   _____

2. a. Warum meint der Sprecher, dass der Satz „Die Vögel paaren sich" irgendwie unanständig (indecent) ist?

   _____

   b. Warum findet er den passiven Satz „Im Frühling wird gepaart" besser?

   _____

3. Studenten haben nicht nur _einen_ ewigen Schrei; sie haben mehrere. Nennen Sie einen anderen.

   _____

4. Warum liebt der Sprecher das Passiv so sehr?

   _____

   _____

5. Wie kann man durch den „Zauber des Passivs" den folgenden Satz weiniger aggressiv machen?
   „Hier dürfen Sie nicht rauchen."

   _____

Vocabulary for Chapter Eight, Level Two

	ab•trocknen to dry off	
	ab•ziehen* to remove	
	zog . . . ab, abgezogen	
das	**Apfelkompott** stewed apples	
der	**Aschenbecher,** – ashtray	
	auf•bauen to build (up)	
	wieder aufbauen to rebuild	
	auf•klären to solve, explain	
	auf•räumen to clean up, straighten up	
	aus•schließen* to exclude, rule out	
	schloss . . . aus, ausgeschlossen	
	ausverkauft sold out	
	auswendig by heart	
der	**Backofen,** ‥ oven	
	begießen* to baste	
	begoss, begossen	
die	**Beilage,** –n side dish	
	beleidigen to insult	
	bestreichen* to brush	
	bestrich, bestrichen	

der	**Botschafter,** – ambassador	
	braten* to roast	
	(brät), briet, gebraten	
das	**Bratenfett** pan drippings	
der	**Bratensaft,** ‥e juices (in the roasting pan)	
die	**Bratpfanne,** –n roasting pan	
	dauernd constantly	
	decken to set (a table)	
	durchführen to carry out	
	ein•fahren* to break in (a car)	
	(fährt . . . ein), fuhr . . . ein, eingefahren	
	ein•reiben* to rub	
	rieb . . . ein, eingerieben	
	entfetten to de-fat	
das	**Erdbeben,** – earthquake	
	ernennen* to name, appoint	
	ernannte, ernannt	
	erneuern to change, renew	
der	**Fall,** ‥e case	

füllen   to stuff
die **Gans, ̈-e**   goose
her•stellen   to produce
hinzu•ziehen*   to call in (for consultation)
   zog . . . hinzu, hinzugezogen
hupen   to honk
klären   to clear up, solve (a case)
der **Majoran**   marjoram
der **Mörder, –**   murderer
die **Nachricht, –en**   news
der **Pfeffer**   pepper
das **Rotkraut**   red cabbage
rühren   to touch (emotionally)
das **Salz**   salt

die **Salzkartoffel, –n**   boiled potato
die **Schale, –n**   shell, husk, peel
schälen   to peel, shell
die **Soße, –n**   gravy
der **Teppich, –e**   rug, carpet
unregelmäßig   irregular
der **Versuch, –e**   attempt, experiment
verwechseln   to confuse
verwenden   to use
der **Vierertisch, –e**   table for four
wählen   to elect
wechseln   to change
zu•nähen   to sew closed
der **Zwilling, –e**   twin

Reflexive Pronouns and Verbs

9

A. Fill-ins. *Supply the reflexive pronouns. Note that expressions using both accusative and dative pronouns are involved.*

a. 1. Ich frage _____*ihn*_____ , wo er ist.

   2. Setzen Sie _____*sich*_____ doch zu uns.

   3. Du siehst ganz blass aus. Wie fühlst du _____*dich*_____?

   4. Ich muss _____*mir*_____ ein neues Kostüm kaufen.

   5. Ich glaube, wir haben _____*uns*_____ verfahren.*

   6. Du wirst _____*dich*_____ hier schon einleben.

   7. Er kann _____*ihn*_____ später rasieren.

   8. Das habe ich _____*mir*_____ gedacht.

   9. Rainer, wir müssen bald gehen. Mach _____*uns*_____ schnell fertig. (imperative)

  10. Wir sollten _____*uns*_____ wirklich bei Helke entschuldigen.

b. 1. Bestell _____*dir*_____ doch etwas. (imperative, **du**-form)

   2. Sie werden _____*sich*_____ bestimmt wundern.

   3. Ich muss _____*mir*_____ die Sache überlegen.

   4. Amüsiert _____*euch*_____ gut. (imperative, **ihr**-form)

   5. Hast du _____*dir*_____ weh getan?

   6. Haben Sie _____*sich*_____ schon vorgestellt?

   7. Es ist kalt. Zieh _____*dir*_____ eine wärmere Jacke an. (imperative, **du**-form)

   8. Er freut _____*ihn*_____ über seine Beförderung.

*All reflexive verbs take **haben** as an auxiliary, since they are all transitive, i.e., they *can* all take direct objects.

137

B. Mini-Dialogues: *Use the following sentences and cues to form short dialogues. Note: the cued sentences always require the use of a reflexive pronoun. Use the present tense unless otherwise indicated.*

a. 1. A: Wie geht's denn Susi? Sie war ja ziemlich krank.

   B: Sie / fühlen / viel besser

   Sie fühlen sie wel besser

2. A: Kennst du den Typ da?

   B: Ja // aber / ich / können / erinnern / nicht / an / sein- / Name

   Je aber ich kann nicht sehen Name erinnern

3. A: Guten Tag, der Herr*. Kann ich Ihnen 'was helfen? ('was = "with something")

   B: Danke // ich / umsehen / nur

   Danke sehe ich nur um

4. A: Ich bin noch nicht ganz sicher.

   B: Dann / überlegen / Sie / es / bis morgen

   Dann überlegen Sie es bis morgen
   sich

5. A: Kennst du seinen neuen Roman?

   B: Eigentlich nicht // ich / ansehen / ihn / nur kurz (*present perfect*)

   di ich habe ihn nur kurz angesehen

6. A: Gehen wir heute Abend ins Restaurant?

   B: Ja // aber / ich / müssen / umziehen / zuerst

   Ja aber zuerst musse ich umziehen

7. A: War die Oper gestern Abend interessant?

   B: Nein // wir / langweilen / furchtbar (*present perfect*)

   Nein furchtbare wir langweilen

8. A: Warum hockst du vor dem Fernseher?

   B: Ich / anschauen / ein / neu / Sendung

   Ich schaue etn neu Sendung an

---

*Contemporary German commonly uses **der Herr** and **die Dame** for the more formal **mein Herr** and **meine Dame**.

9. A: Das Büfett sieht ganz lecker aus.

B: Aber bitte // bedienen / Sie / ! (*imperative*)

Aber bitte Sie bedienen _____

10. A: Hat er sich beim Skilaufen verletzt?

B: Ja // er / brechen / Bein (*present perfect*)

Ja Brochen er ihn Bein

b. 1. A: Aber gestern warst du doch so sicher.

B: Ja schon // aber / ich / irren (*present perfect*)

Ja schon aber irren Ich

2. A: Es muss spätestens bis Montag fertig sein.

B: Das / merken / ich (*future*)

Merke ich mich das _____

3. A: Ist das hier noch die Schillerstraße?

B: Nein // wir / verlaufen   (*present perfect*)

Nein wir laufen uns verben _____

4. A: Was soll ich jetzt machen?

B: Was auch immer! (Whatever!) // Aber / du / müssen / entschließen / doch endlich

, Aber du müsst doch endlich
entschließen

C. Reflexive Pronouns with prepositions.

Any pronoun object—even the object of a preposition—that refers back to the subject of a sentence is a reflexive pronoun. Replace the subjects of the following sentences with the subjects in parentheses, making the necessary changes in the verb forms as well as in the reflexive pronouns.

> EXAMPLE: Er ist sehr zufrieden mit sich. (du)
> **Du bist** sehr zufrieden mit **dir**.

1. Sie besprechen es unter sich. (wir)

   _____

2. Hast du Geld bei dir? (er)

   _____

3. Er spricht sehr oft von sich. (du)

   _____

4. Du denkst immer nur an dich. (er)

   _____

5. Sie war außer sich. (ich)

   _____

6. Sie machen es nur für sich. (ich)

   _____

7. Er hält sehr viel von sich. (du)

   _____

8. Das behalte ich für mich. (er)

   _____

D. *Reciprocal reflexives.*

In German, plural reflexive pronouns are often used in contexts where English normally uses the expression "each other":

Kennen Sie **sich**?
(Do you know each other?)

The word **einander** may also be used in such contexts:

Kennen Sie **einander**?

But the plural reflexive is a good deal more common. It also works in some contexts where **einander** doesn't, namely with purely reflexive verbs such as **sich verabreden** and **sich verlieben**:

Wir haben **uns** für 7 Uhr verabredet.
(We made a date [appointment] for 7 o'clock.)

Use the following cues to form complete sentences. Note that each sentence should have the appropriate reflexive pronoun. Use the present tense unless otherwise indicated.

1. In Ordnung // dann / sehen / wir / später

   _____

2. Die / beid- / verlieben / gleich (*present perfect*)

   _____

3. Doch // wir / verstehen / sehr gut

   _____

4. Sie / kennen / seit / viel- / Jahre

   _____

5. Wir / können / treffen / vor / Kino

   _____

6. Aber / wie / finden / wir / dann später / ?

   _____

7. Sie / kennen lernen / in München (*present perfect*)

   _____

*E. **More open Mini-Dialogues.***   *Use the suggested verbs with reflexive pronouns to complete the follow-ing conversational exchanges. Where at all possible, give your sentences some color by including adverbial expressions (time, manner or place).*

1. A: Was willst du denn essen? Alles sieht recht gut aus.

   B: _____ (bestellen)

2. A: Sie sehen aber topfit aus.

   B: _____ (fühlen)

3. A: Da ist ja die Sara Gebhardt. Kennst du denn die?

   B: _____ (kennen lernen)

4. A: Ich glaube, Konrad ist schon etwas blau.

   B: _____ (amüsieren)

5. A: Sag mal. Warum hinkst du denn so?

   B: _____ (verletzen)

6. A: Warum kommt Lisa morgen nicht mit?

   B: _____ (erkälten)

7. A: Was trägst du denn für das Festessen heute Abend?

   B. _____ (anziehen)

8. A: Ist das Karl Dahlheim da drüben? Ich habe ihn seit Jahren nicht gesehen.

   B: _____ (ändern)

9. A: Sind Dieter und Gesine noch nicht angekommen?

   B: _____ (verspäten)

F. Starting the day.

In German, the topic of getting ready in the morning can involve a significant number of reflexives.

Use the following reflexive verbs to describe the beginning of your day. Occasionally alternatives are given (not everyone uses make-up), and you should feel free to add to what is there. And you should embellish your descriptions with some extra material. Feel free to use a separate sheet of paper for a longer connected paragraph.

EXAMPLE: _____ (fertig machen)

Nach dem Aufstehen um 7 Uhr mache ich mich für den Tag fertig.

1. _____ (duschen // baden)

2. _____ (abtrocknen)

3. _____ (Zähne / putzen)

4. _____ (ansehen / in / Spiegel)

5. _____ (rasieren // schminken)

6. _____ (anziehen)

7. _____ (Haare / kämmen)

8. _____ (Frühstück / machen)

9. _____ (Zeitung / ansehen)

G. Reading.

The times have been changing fast, and every student needs to think practically and gather as much information as possible as to where a particular course of studies may lead. It's a big challenge, but one that you can't sensibly avoid.

Read the text below then check your understanding of it by answering the questions at the end of this section.

Gedanken eines Studienanfängers: Hauptfächer und Aussichten für Stellungen
(oder: Wozu und zu welchem Ende studiert man denn überhaupt?)

Seit sechs Wochen studiere ich an der Uni Frankfurt. Ich hatte mich zuerst entschlossen Deutsch und Geschichte als Hauptfächer zu haben. Aber jetzt überlege ich es mir noch einmal.

Meine Eltern hatten sich immer Sorgen gemacht, dass ich am Ende von meinem Studium vielleicht keine gute Stelle finde. Und meine ältere Schwester hatte auch immer gesagt, dass ich mich etwas mehr mit der wirklichen Welt anfreunden sollte. Aber sie meinten alle, ich sollte mir in aller Ruhe die verschiedenen Seiten einfach ansehen. Zuerst da hatte ich mich richtig geärgert, dass meine Familie mitreden wollte. Aber sieben Jahre sind schon eine lange Studienzeit und meine Eltern müssen mir gut 800 Euro monatlich für meine Ausgaben schenken. Ich sah schon ein, dass man sich für die Zukunft vorbereiten muss. Was kann man schon mit Deutsch und Geschichte anfangen, wollten sie wissen. Eine gute Frage. Meine Freundin, zum Beispiel, will Englisch und Französisch studieren. Und ich habe ihr selber schon ein paar Mal gesagt, es gibt eine Milliarde Menschen auf der Erde, die Englisch besser sprechen können als sie, und ein Drittel von denen sind unter sechzehn Jahre alt. Englisch und Französisch sind zwar wichtig, als Zusatzqualifikationen. Man braucht auch schon irgendetwas, was sich besser vermarkten lässt.

Also sehe ich schon ein, dass die „wirkliche Welt" eine riesige Rolle in der Studienwahl spielt. Man muss aber auch Hauptfächer haben, in denen man sich wohl fühlt, ja für die man sich auch begeistern kann. Aber ich weiß auch, dass man sich nicht übereilen soll, denn es handelt sich dabei um eine Entscheidung für das ganze Leben. Und man weiß nicht immer mit neunzehn oder zwanzig, wofür man sich auch später begeistern kann.

Da sagte eines Tages mein Freund Karl zu mir: „Du hast dich ja immer auch für Computer interessiert. Warum studierst du denn auch nicht Informatik?" Da dachte ich mir, es könnte nicht schaden, mal nachzusehen. Ich wollte mich etwas näher darüber orientieren und so habe ich im Vorlesungsverzeichnis und in den Erläuterungen nachgeschaut. Und nächste Woche gehe ich zur Beratung—für Deutsch, Geschichte und Informatik. Wer weiß, was daraus werden wird? Ich weiß nur, dass ich erst am Anfang meines Studiums bin, und dass die Welt offen vor mir steht.

Vocabulary for the Reading

der Gedanke, –ns, –n   consideration, thought
das Hauptfach, ̈-er   major subjects
die Aussicht, –en   chance
zu welchem Ende   to what end, for what
    purpose
sich entschließen*   to decide
    entschloss, entschlossen
sich überlegen   to think over
sich Sorgen machen   to worry
sich anfreunden mit   *here*: to get to know
sich ärgern   to be annoy, to be bugged
die Ausgabe, –n   expense
die Milliarde   billion
die Zusatzqualifikation, –en   additional or
    supplementary skill

sich vermarkten lassen   can be sold, marketed
    (to have marketable skills)
riesig   emormous
die Studienwahl   choice of subjects or major
sich begeistern für   to be enthusiastic about
sich übereilen   to be in too much of a hurry
sich handeln um   it's a matter of
die Entscheidung   decision
die Informatik   computer science
schaden   to hurt, harm
das Vorlesungsverzeichnis   university catalogue
die Erläuterungen (pl.)   *here*: detailed pam-
    phlet put out by each department
die Beratung   advising and orientation

Questions

1. Was wollte der junge Student zuerst als Hauptfächer haben?

_____

2. Was für Sorgen haben seine Eltern gehabt?

_____

_____

3. Was meinte seine ältere Schwester?

_____

_____

4. Wie reagierte der Student zuerst auf die Einmischung (interference) seiner Familie?

_____

5. Warum änderte er seine Meinung (opinion)?

_____

6. a. Was studiert seine Freundin?

_____

b. Was hatte er ihr ein paar Mal gesagt?

_____

_____

c. Was braucht man für die „wirkliche" Welt?

_____

7. Was für Gefühle muss man aber auch für seine Hauptfächer haben?

_____

8. Was hat ihm sein Freund Karl eines Tages gesagt?

_____

_____

9. Was will der Student jetzt tun? (Seien Sie spezifisch!)

_____

_____

Vocabulary for Chapter Nine

sich **ab•trocknen** to dry (oneself) off

sich **amüsieren** to have a good time, enjoy oneself

außer sich beside oneself

sich **bedienen** to help oneself (to food or drink)

die **Beförderung, –en** promotion

behalten* to keep
(behält), behielt, behalten

für sich behalten
to keep (something) to oneself

blass pale

blau _here_: drunk

duschen to take a shower

sich **ein•leben** to settle in, get used to a place

sich **entschließen*** to make up one's mind, decide
entschloss sich, hat sich entschlossen

sich **entschuldigen** to apologize

das **Festessen, –** banquet

sich **fragen** to wonder

halten* to hold
(hält), hielt, gehalten

sehr viel von sich halten
to think a lot of oneself

hinken (s) to limp, hobble

kämmen to comb

sich die Haare kämmen to comb one's hair

sich **langweilen** to be bored

putzen to clean, brush

sich die Zähne putzen
to brush one's teeth

sich **schminken** to put on makeup

topfit in great shape

sich **überlegen** to think about, give some thought to

sich **um•ziehen*** to change (one's clothes)
zog . . . sich um, hat sich umgezogen

sich **verfahren*** to lose one's way (in a car), to be lost
(verfährt sich), verfuhr sich, hat sich verfahren

sich **verlaufen*** to lose one's way (on foot), to be lost
(verläuft sich), verlief sich, hat sich verlaufen

sich **verlieben** to fall in love

sich **verspäten** to be late

sich **verstehen*** to get along (with someone)
verstand sich, hat sich verstanden

sich **wundern** to be surprised

Conjunctions

10

LEVELS ONE AND TWO

A. Cued clauses. *The following cues contain both coordinating and subordinating conjunctions as well as interrogatives that function as subordinating conjunctions. Complete each sentence, paying particular attention to word order.*

a. 1. **Wenn** / du / wollen / sein / wirklich behilflich // dann kannst du diese Sachen zur Reinigung bringen.

   Wenn du willst sein,

2. **Als** / sie / kommen / endlich / nach Hause // war sie total erschöpft.

   Sie kommen Als

3. Gehen wir doch spazieren // **denn** / morgen / es / sollen / regnen / wieder

   denn morgen sollen es regnen wieder

4. **Nachdem** / ich / erklären / es ihm dreimal // hat er es endlich kapiert. (1st clause in past perfect)

   Nachdem erkläre ich,

5. Weißt du // **wann** / Osterferien (pl.) / an•fangen / dies- Jahr / ?

6. Ruf an // **sobald** / du / hören / von ihm

   hörst

7. Im Sommer bleiben wir lieber hier // **aber** / im Winter / wir / fahren / nach Sizilien

   aber im Winter fahren wir

8. Gestern mussten wir bei Kerzenlicht essen // **weil** / Strom / aus•fallen   (2nd clause in past perfect)

   weil Strom fällt aus

9. Wir fahren kurz nach Wien // **und** / dann / wir / verbringen / ein- / Woche / in / Prag

   und dann in eine woche verbringen wir in Prag

10. **Obwohl** / man . warnen / mich / davor // kaufte ich einen gebrauchten Wagen   (1st clause in past perfect)

Obwohl warnen mich davor, ↓

b. 1. Weißt du // **wie** er / heißen / ?   *Weeay.*

↓ ↓ ↓ heißt

2. Man soll immer eine Probefahrt machen // **bevor** / man / kaufen / neu- / Wagen

↓   bevor man kauft neuer Wagen

3. Er verlässt sein Zimmer nie // **sondern** / hocken / ganz- / Tag / vor / Fernseher

↓   sonder hocken vor Fernseher ganz tag

4. Sag mir Bescheid // **wenn** / ich / können / helfen / dir

↓   wenn ich kann dir helfen

5. Ich will mich schnell umziehen // **bevor** / wir / gehen / essen

↓   bevor

6. **Da** / ich / haben . noch einen Euro // kaufte ich mir ein Eis.

Ich haben nach einer Euro, da ↓

7. Wir können zum Italiener gehen // **oder** / wir / können / essen / chinesisch

↓   oder wir können chinesisch essen

8. **Wenn** / ich / hören / Lied // denke ich sofort an die Beatles.

Wenn ich Lied hören, ↓

9. Ich fragte ihn // **warum** / er / können / bleiben / nicht länger

↓   ↓ er können ↓ bleiben

10. **Sooft** / ich / sehen / sie // trägt sie ein neues Kleid.

Sooft sehen ich sie, ↓

B. Fill-ins. *Fill in the blanks with conjunctions or question words that make sense in the following contexts.*

1. Weißt du, ___ob___ Kai wieder im Lande ist? Er wollte schon am Donnerstag zurückkommen, ___aber___ ich habe ihn noch nicht gesehen. ___Wenn___ er anruft, sag ihm
bitte, ___dass___ ich ihn unbedingt sprechen muss.

2. Ich hatte keine Ahnung, ___dass___ es so spät geworden ist. Ich will kein Partymuffel sein,
___aber___ ich habe einen sehr wichtigen Termin um acht. Seien Sie mir nicht böse,
___dass___ ich mich zurückziehe. Aber bitte, bleiben Sie, ___solange___ Sie wollen.

3. ___Als___ wir gestern Abend nach Hause kamen, merkten wir, ___dass___ unser
Wagen verschwunden war. Zuerst dachten wir, ___dass___ die Polizei ihn abgeschleppt hatte.
Aber es stellte sich heraus, ___dass___ Autodiebe ihn gestohlen hatten. Jetzt haben wir kein
Auto ___und___ wir wissen nicht, ___weil___ es dauert, ___bis___ die
Versicherung zahlt. Das ist alles langweilig aber nicht tragisch, ___denn___ wir sparen
eigentlich viel Geld, ___sobald___ wir kein Benzin mehr kaufen. Und wer weiß?
___Wenn___ unser alter Opel nicht gefunden wird, kaufen wir vielleicht einen BMW.

4. ___Als___ ich zufällig in Hamburg war, habe ich Uschi Steinbach aufgesucht. Wir haben uns
nicht mehr gesehen, ___wenn___ mein Vater nach Freiburg versetzt wurde. Und das ist schon
vier Jahre her. Ich wusste nicht mehr, ___wo___ sie wohnte, ___denn___ ich habe ihren
Namen im Telefonbuch gefunden. Erst am Abend habe ich sie erreichen können, ___denn___
sie machte ein Praktikum in den Unikliniken. Wir trafen uns in einer Espresso-Bar und plauderten
stundenlang, ___bis___ der Kellner endlich anfing, die Stühle auf die Tische zu stellen. Ich glaube,
ich bin verliebt.

5. Ich weiß nicht, ___warum___ ich so todmüde bin, ___denn___ ich habe heute Nacht zehn
Stunden geschlafen. Kopfweh habe ich auch. Ich werde den Chef fragen, ___ob___ ich heute
etwas früher aufhören kann. ___Wenn___ es mir morgen nicht besser geht, gehe ich zum Arzt.
Hoffentlich ist es nur eine Erkältung, ___weil___ man sagt, ___dass___ eine neue
asiatische Grippe umgeht.

6. A: Warten wir noch eine halbe Stunde, ___bis___ die Rushhour vorbei ist.

   B: Aber ___wenn___ wir zu lange warten, werden wir unseren Flug verpassen.

   A: Zeitlich macht das gar nichts aus: entweder wir sitzen eine halbe Stunde im Stau ___oder___
   wir sitzen hier zu Hause ___und___ genießen eine zweite Tasse Kaffee.

   B: Vielleicht kannst du deinen Kaffee genießen, _____ ich werde immer nervös,
   _____ wir so spät losfahren.

C. Open Mini-Dialogues. *Complete the following conversational exchanges. Formulate the missing part of the mini-dialogue as a compound sentence, using the suggested conjunction or question word to introduce the subordinate or coordinate clause.*

EXAMPLE   A: _Können Sie mir sagen, wie spät es ist?_____ ? (wie)
B: Es ist genau sieben Minuten vor zehn.

1. A: _____ ? (oder)
   B: Vielleicht lieber chinesisch, denn ich habe heute Mittag Lasagna gegessen.

2. A: _____ . (wenn)
   B: Sehr nett von Ihnen, aber ich glaube, ich kann es selber tragen.

3. A: Kommst du heute Abend mit?
   B: _____ . (denn)

4. A: _____ ? (wie)
   B: Gehen Sie hier weiter bis zum nächsten großen Platz, und da auf
      der rechten Seite ist das Hilton.

5. A: _____ . (bis)
   B: Alles klar, aber ich warte lieber drinnen, wo es wärmer ist.

6. A: _____ ? (wie viel)
   B: Höchstens zwanzig Euro.

7. A: _____ ? (ob)
   B: Sie wird sicher kommen; sie wollte sich erst nur umziehen.

8. A: Warum hat er es nicht gekauft?
   B: _____ . (dass)

9. A: Aber es ist erst zehn. Hast du's denn wirklich so eilig?
   B: _____ . (weil)

10. A: Es ist gut deine Stimme zu hören. Wann sehen wir uns wieder?
    B: _____ . (sobald)

D. Free-standing clauses in conversational German.

Once "A" has estalished a conversational context, "B" will often react with a *free-standing subordinate clause*:

> A: Sie sagt, dass sie mich nie wieder sehen will.
> (She says she never wants to see me again.)
>
> B: Ob sie das ernst meint?
> (Does she really mean it? [lit.: Whether she really means it?])

"B" has omitted an obvious lead-in clause such as ***Weißt du***, **ob sie das ernst meint?** or ***Die Frage ist***, **ob sie das ernst meint.** But even though it stands alone, the subordinate clause keeps its subordinate (verb last) word order:

> Ob sie das wirklich **meint**?

As in English, coordinate clauses can also stand alone as conversational responses:

> A: Am besten nehme ich ein Taxi.
> B: Oder ich könnte dich abholen.

a. Cued responses. *Complete the following conversational exchanges.*

1. A: Er sagt, dass *du* an seiner Scheidung schuld bist.

   B: Dass / er / können / behaupten / so was / !

   _____

2. A: Wann fährst du in Urlaub?

   B: Sobald / ich / sein / mit / dies- / Projekt / fertig

   _____

3. A: Kommst du mit?

   B: Ja // aber / ich / müssen / mich umziehen / erst

   _____

4. A: Helfen Sie mir mit dieser Übersetzung?

   B: Wenn / ich / können

   _____

5. A: Das war Michael am Telefon; er sagt, er wurde aufgehalten.

   B: Ob / er / können / kommen / überhaupt noch / ?

   _____

6. A: Wie lange wohnen sie denn zusammen?

   B: Mindestens seitdem / sie / wohnen / hier in Köln *(present tense)*

   _____

7. A: Ich bezahle das Taxi.

   B: Und / ich / bezahlen / Kinokarten

   _____

b. Free responses.   *Be as inventive as you can in completing the following exchanges.*

1. A: Wann ruft sie zurück?

   B: _____ .   (Sobald)

2. A: Wir könnten heute Abend ins Kino gehen.

   B: _____ .   (Oder)

3. A: Warum hast du zwei Pullis an?

   B: _____ .   (Weil)

4. A: Zuerst wollen wir einen Aperitif trinken.

   B: _____ .   (Und dann)

5. A: Wann haben Sie sich kennengelernt?

   B: _____ .   (Als)

6. A: Nimm doch noch eine kleine Portion.

   B: _____ .   (Danke, aber)

7. A: Warum fahren wir so früh los?

   B: _____ .   (Damit)

E. Reading.

The reasons for environmentally and socially correct behavior aren't always unambiguous, as the following letter might suggest. Read the text below, then check your understanding by answering the questions that come at the end of this section.

Grüne Gedanken

Liebe Tante Johanna,

seitdem ich nicht mehr rauche, geht es mir viel, viel besser. Meine Zigarren habe ich nicht so sehr aus gesundheitlichen Gründen aufgegeben, sondern vielmehr aus politischer Überzeugung, denn wer will durch seine schlechten Gewohnheiten eine fremde Diktatur unterstützen? Und in den meisten Restaurants kann man sowieso nicht mehr rauchen. Außerdem sind Havanna-Zigarren irrsinnig teuer geworden.

Fleisch esse ich auch nicht mehr, weil man nie sicher sein kann, dass die Tiere korrekt geschlachtet worden sind. Es geht natürlich nichts über ein gutes Filetsteak, blau gegrillt mit Kräuterbutter drauf, aber mein Arzt meint, dass ich zu fett esse. Und wer kann sich heutzutage Filetsteak leisten?

Ähnlich mit Eiern. Bevor ich begann, über solche Sachen nachzudenken, habe ich jeden Morgen mein gekochtes Ei genossen (vier Minuten, nicht mehr, nicht weniger), aber jetzt sehe ich ein, dass ein Ei einfach so in kochendes Wasser zu werfen eine grausame Tat ist. Eier sind sowieso kleine Cholesterinbomben. Und richtig frische Eier sind eine Rarität geworden.

Als Fischesser war ich auch nicht gerade unschuldig, denn der Lachs auf meinem Teller hatte auch Gefühle, auch wenn er in einem Millionenschwarm herumschwamm. Fische haben auch ihre Rechte. Seit Jahren merke ich aber auch, dass die Zuchtlachse lange nicht so gut schmecken wie die wilden.

Mit Gemüse habe ich kein Problem, auch wenn es wissenschaftlich bewiesen wurde, dass Pflanzen besser wachsen, wenn im Gewächshaus Musik gespielt wird. Wer weiß, vielleicht hat der Kopfsalat doch eine Seele. Sind wir verwandt? Ich muss das alles viel näher untersuchen.

Ich tue auch etwas für die Umwelt, indem ich weniger lese. Warum soll ein stattlicher Baum sterben, nur damit ich die Zeitung lesen kann, während ich morgens mein Müsli esse. Bücher sind noch schlimmer; man liest die dicken Dinge einmal durch und dann stehen sie jahrelang unnütz auf dem

Regal. Viel umweltfreundlicher ist der Fernseher: denn man bleibt bequem zu Hause, sieht sich das

Fußballfinale in allem Komfort an. Der BMW bleibt in der Garage und die Luft wird nicht verpestet.

Karten kriegt man sowieso nicht mehr.

Alles Grüne!

Dein Neffe Lutz

Vocabulary for the Reading

der Grund, ̈e reason	**der Lachs** salmon
die Überzeugung conviction	**der Schwarm** school (of fish)
die Gewohnheit, –en habit	**der Zuchtlachs** farm-raised salmon
die Diktatur dictatorship	**wissenschaftlich** scientifically
unterstützen to support	**bewiesen** proven
schlachten to slaughter	**das Gewächshaus** greenhouse
blau *here*: very rare	**der Kopfsalat** lettuce
die Kräuterbutter herb butter	**die Seele, –n** soul
sich leisten to afford	**verwandt** related
nachdenken über to think about, reflect on	**untersuchen** to investigate
gekocht boiled	**die Umwelt** environment
ein•sehen to recognize, realize	**stattlich** stately
grausam cruel	**unnütz** uselessly
die Tat deed, act	**umweltfreundlich** environmentally friendly
die Cholesterinbombe, –n cholesterol bomb	**verpesten** to pollute
unschuldig innocent	

Questions

1. Warum hat Lutz das Rauchen aufgegeben?

   _____

2. Isst er kein Fleisch, weil er ein großer Tierfreund ist? Oder?

   _____

3. Was isst er statt Eier zum Frühstück?

   _____

4. Isst er keinen Lachs mehr aus idealistischen Gründen? Wenn nein, warum nicht?

   _____

5. Was spricht dafür, dass der Kopfsalat eine Seele hat?

   _____

6. Wie kann man den Wald besser schützen (protect)?

   _____

7. Inwiefern ist der Fernseher umweltfreundlich?

_____

8. Warum geht Lutz nicht zum Fußballfinale?

_____

Vocabulary for Chapter Ten

auf•halten*   to hold up, delay
(hält . . . auf), hielt . . . auf,
aufgehalten
auf•suchen   to look (someone) up
aus•fallen*   *here*: to fail
(fällt . . . aus), fiel . . . aus,
ist ausgefallen
Der Strom fiel aus.
There was a power failure.
der   Autodieb, –e   car thief
behaupten   to say, assert
behilflich   helpful
Bescheid sagen   to let (someone) know
böse   angry, mad
das Projekt, –e   project
drinnen   inside
eigentlich   actually
eilig   hurried
es eilig haben   to be in a hurry,
be in a rush
die   Erkältung, –en   (head)cold
erschöpft   exhausted
genießen*   to enjoy
genoss, genossen
die   Grippe   flu
sich   heraus•stellen   to turn out
höchstens   at most
hocken   to sit   (slang)
kapieren   to understand, get   (slang)
das   Kerzenlicht   candle light
das   Kopfweh   headache
das   Land, ̈-er   country
wieder im Lande   back again, back in
these parts

los•fahren*   to leave, start out
(fährt . . . los), fuhr . . . los,
ist losgefahren
die   Osterferien (pl.)   Easter vacation
der   Partymuffel, –   party pooper, wet blanket
plaudern   to chat
das   Praktikum, (pl. Praktika)   internship
die   Probefahrt, –en   test drive
das   Projekt, –e
die   Reinigung   dry cleaner
die   Scheidung, –en   divorce
schleppen   to tow
der   Stau, –s   traffic jam
die   Stimme, –n
der   Strom   electricity, power
der   Termin, –e   appointment
todmüde   dead tired
überhaupt   at all
die   Übersetzung, –en   translation
sich   um•ziehen*   to change (clothes)
zog sich . . . um, hat sich umgezogen
unbedingt   absolutely, really
verliebt   in love
verpassen   to miss
verschwinden*   to disappear
verschwand, ist verschwunden
versetzen   to transfer
die   Versicherung, –en   insurance
warnen vor (+ *dat.*)   to warn about
zufällig   by chance
sich   zurück•ziehen*   to withdraw, leave
(you to yourselves)
zog sich . . . zurück, hat sich
zurückgezogen

Subjunctive II

11

LEVEL TWO

A. Cued Clauses. *Form the suggested sentence, using subjunctive II.*

1. Wir hätten ihn gesehen, wenn / er / sein / da

_____

2. Sie würden billiger fliegen, wenn / Sie / buchen / Flug / im voraus

_____

3. Wir hätten es schon bekommen, wenn / er / abschicken / es am Montag

_____

4. Wenn Sie es ihm erklärten, er / verstehen / es sicher

_____

5. Sie hätten angerufen, wenn / sie / haben / Probleme

_____

6. Wenn ich es selbst nicht gesehen hätte, ich / glauben / es nicht

_____

7. Er würde eine gute Chance haben, wenn / er / anfangen / jetzt

_____

8. Wenn ich ein Stipendium hätte, ich / können / weiterstudieren

_____

9. Es wäre besser, wenn / Sie / erledigen / es früher

_____

10. Er würde eine bessere Stelle bekommen, wenn / er / belegen / mehr Computerkurse

_____

B. Subjunctive II in Simple Sentences.

Up to now you have seen subjunctive II in conditional sentences, which are made up of two clauses. But subjunctive II is also common in simple sentences (sentences consisting of only one clause).

Such sentences are similar to **dann**-clauses, and so in the present tense they use the **würde**-constuction with all verbs with the exception of:

1) **sein** and **haben**
and   2) the *modal auxiliaries*

Form the suggested sentences using the tenses indicated in parentheses.

1. Das / sein / schön   (*present*)

   _____

2. Ich / bleiben / lieber hier   (*present*)

   _____

3. Er / tun / so etwas nie   (*past*)

   _____

4. Das / sagen / ich / nicht   (*present*)

   _____

5. Was / sollen / wir / machen / ?   (*present*)

   _____

6. Das / sein / sehr nett von Ihnen   (*present*)

   _____

7. Das / können / sein   (*present*)

   _____

8. Ja // er / haben / morgen / Zeit   (*present*)

   _____

9. Er / fahren / sonst / mit / Zug   (*past*)

   _____

C. Dialogues using Subjunctive II. *Subjunctive II is commonly used in simple sentences involving quick exchanges. Even if your conversational partner uses the indicative, you will respond in the subjunctive.*

EXAMPLE: A: Was willst du heute Abend machen?
B: Ich **würde** gern ins Kino **gehen**.

Use the following cues to form subjunctive II sentences in the tenses indicated.

1. A: Bist du sicher, dass er nicht da war?

   B: Na, klar. Ich / sehen / ihn sonst (*past*)

   _____

2. A: Was wollt ihr über Weihnachten machen?

   B: Wir / gehen / Ski laufen / gern (*present*)

   _____

3. A: Was machen wir mit unserem Gepäck?

   B: Wir / sollen / lassen / es für jetzt / in / Schließfach (*present*)

   _____

4. A: Wie war dein Urlaub in Paris?

   B: Einfach toll. Wir / bleiben / gern länger (*past*)

   _____

5. A: Es war einfach zu viel Arbeit.

   B: Ich / helfen / dir gern (*past*)

   _____

6. A: Wollen wir noch eins trinken?   **(Wollen wir**: [*here*] Shall we)

   B: Ich / haben / nichts dagegen (*present*)

   _____

7. A: Warum hast du mir überhaupt nichts davon gesagt?

   B: Du / glauben / es mir doch nicht   (*past*)

   _____

8. A: Und was wollen wir morgen machen?

   B: Ich / fahren / gern nach Heidelberg   (*present*)

   _____

D. „Beinahe" and „fast": Things that almost happened.

Look at the following example:

Das **hätte** ich beinahe **vergessen**.
(I almost *forgot* that.)

German often uses the past tense of subjunctive II to express that something almost happened (but did not). English, on the other hand, uses the simple past tense.

Beinahe or **fast** both mean *almost* and are usually interchangeable.

Form the suggested sentences, using the past tense of subjunctive II.

1. Ich / erkennen / ihn / fast nicht

   _____

2. Wir / haben / beinahe / Unfall

   _____

3. Sie (they) / kommen / beinahe nicht

   _____

4. Ich / verpassen / Zug / beinahe

   _____

5. Sie (she) / verlieren / Reisepass / beinahe

   _____

6. Er / werden / beinahe Arzt

   _____

E. Sentence Completion. *Use subjunctive II and your imagination to complete the following sentences. The tense of the second clause will be dictated by the tense of the first clause.*

1. Ich würde nächsten Sommer nach Europa fahren, wenn _____

_____

2. Wenn sie eine Gehaltserhöhung bekommen würde, _____

_____

3. Es wäre schade, wenn _____

_____

4. Ich hätte sie öfter besucht, wenn _____

_____

5. Wenn du mir einen Gefallen tun wolltest, _____

_____

6. Wenn seine Freundin mitgekommen wäre, _____

_____

7. Wenn du vernünftiger gewesen wärest, _____

_____

8. Wenn wir in einer Studentengemeinschaft wohnten, _____

_____

9. Wir wären gern auf die Party gegangen, wenn _____

_____

F. Contrary to Fact Lives.

a. Answer the following questions with short paragraphs in subjunctive II. Each paragraph should consist of at least 4 or 5 sentences. Use a separate sheet of paper.

1. Was für einen Beruf würden Sie gern haben? Beschreiben Sie, was Sie in diesem Beruf tun würden.

2. Was für einen Partner (eine Partnerin) würden Sie am liebsten haben? Beschreiben Sie seine (ihre) Eigenschaften.

3. Beschreiben Sie eine Reise, die Sie sehr gern machen würden. Was würden Sie gern sehen und tun?

4. Was würden Sie mit Ihrem Leben machen, wenn Sie soviel Geld hätten, dass Sie niemals arbeiten müssten?

b. Now imagine you have most of your life behind you. You spent 30 years as a bookkeeper before you were "downsized" and became unemployable. Needless to say, your house is badly in need of repair. You are up to your neck in debt from trying to put your less than grateful children through college, and you and your spouse are barely on speaking terms. This is the time for the past tense of subjunctive II, of what might have been but never can be.

Use the past tense of subjunctive II to write a paragraph describing the life you would have liked to have had.

Vocabulary for Chapter Eleven, Level Two

	ab•schicken to send off			das	**Kopfweh** headache
das	**Bargeld** cash			der	**Reisepass, ̈e** passport
der	**Computerkurs, –e** computer course				**Schade!** What a shame!
	durch•fallen* to fail, flunk				**schade sein*** to be a shame
	(fällt . . . durch) fiel . . . durch,			das	**Schließfach, ̈er** locker
	ist durchgefallen				**schlimm** bad
die	**Eigenschaft, –en** characteristic			das	**Stipendium** (pl. **Stipendien**) scholarship
	erledigen to take care of (a task)			die	**Studentengemeinschaft, –en** student
der	**Euroscheck, –s** bank check valid in				commune, shared apartment
	all of Europe			der	**Unfall, ̈e** accident
der	**Flug, ̈e** flight				**vernünftig** reasonable, sensible
der	**Gefallen, –** favor				**verpassen** to miss (e.g., a train)
die	**Gehaltserhöhung, –en** raise				**weiter•studieren** to stay in college
das	**Gepäck** luggage				

Subjunctive II

LEVEL THREE

A. Simple Sentences. *Subjunctive II with modals is at least as common in simple sentences as it is in* compound **wenn-dann** *sentences. Form the suggested sentences in subjunctive II, using the tenses indicated in parentheses.*

1. Ich / können / fahren / dich / in / Stadt (*present*)

_____

2. Ich / sollen / treffen / sie / in / Wohnheim (*present*)

_____

3. Das / Sie / sollen / sehen (*past*)

_____

4. So etwas / dürfen / geschehen / eigentlich nicht (*present*)

_____

5. Er / können / sein / etwas freundlicher (*past*)

_____

6. Wie / sollen / ich / denn / reagieren / ? (*past*)

_____

7. Sie (you) / sollen / kommen / vor neun Uhr (*present*)

_____

8. Er / können / es einfach nicht (*past*)

_____

B. Cued Clauses.   *Form the suggested sentences, using subjunctive II. Logic and the tense of the complete clause will indicate the tense you should use.*

1. Wenn du um acht Uhr fertig wärest, ich / können / fahren / dich zur Arbeit

_____

2. Wenn ich ein Stipendium bekommen hätte, ich / können / weiterstudieren

_____

3. Sie dürften hier bleiben, wenn / sie / wollen

_____

4. Es wäre natürlich besser gewesen, wenn / sie (they) / können / machen / es gestern

_____

5. Wenn wir über Stuttgart gefahren wären, wir / müssen / umsteigen / nicht

_____

6. Ich wäre dir sehr dankbar, wenn / du / können / geben / mir / sein- / Telefonnummer

_____

7. Wenn du mir geholfen hättest, ich / können / schaffen / es

_____

C. Wishes introduced by "ich wollte" or "ich wünschte."

One way of expressing wishes is to use a simple **wenn**-clause including the word **nur**:

Wenn er nur hier wäre!

Another way is to use the introductory statements **ich wollte** or **ich wünschte** with normal word order:

| Ich wollte, | er **wäre** hier. |
| | er **wäre** hier **gewesen**. |

| Ich wünschte, | er **würde** mir **antworten**. |
| | er **hätte** mir **geantwortet**. |

Note 1: The introductory statements **ich wollte** or **ich wünschte** are normally in the present tense of subjunctive II. They correspond to the English expression *I wish* (which is in the present tense of the *indicative*).

Note 2: The wish itself may be either:

subjunctive II present (referring to the present or a future time)

or   subjunctive II past (referring to a past time).

Note 3: As with all other wishes, the present tense uses the **würde**-construction with all verbs except:

haben, sein, wissen and the *modal auxiliaries.*

Use the following elements to express wishes in the tense indicated in parentheses.

1. Ich wollte, er / mitkommen   (*present*)

_____

2. Ich wünschte, ich / können / machen / es (*past*)

_____

3. Ich wünschte, sie (she) / glauben / mir   (*present*)

_____

4. Ich wollte, ich / können / es   (*past*)

_____

5. Ich wollte, es / sein / etwas leichter (*present*)

_____

6. Ich wünschte, ich / sagen / das nicht (*past*)

_____

D. Subjunctive II with Wishes, Preferences, Suggestions and Polite Forms. *The **würde**-construction is used with all verbs except* **sein**, **haben**, **wissen** *and the modal auxiliaries.*

1.	in wishes:	Wenn er nur Jura studieren würde!
2.	in statements of preference:	Ich würde gern Jura studieren.
3.	in polite suggestions:	Würden Sie nicht lieber Jura studieren?
4.	in polite requests:	Würden Sie bitte Platz nehmen?

Use the following cues to form subjunctive II sentences in the tense indicated.

1. Werden / Sie / nehmen / Platz // bitte / ? (*present*)

    _____

2. Wenn / er / glauben / mir nur / ! (*present*)

    _____

3. An deiner Stelle / ich / machen / das nicht (*past*)

    _____

4. Wenn / ich / sehen / ihn nur früher / ! (*past*)

    _____

5. Können / ihr / warten / auf mich / ? (*present*)

    _____

6. Ich wollte, ich / kaufen / es nicht (*past*)

    _____

7. Haben / Sie / einen Euro für mich / ? (*present*)   [panhandler's request]

    _____

8. Dürfen / ich / sehen / Ihren Flugschein // bitte / ? (*present*)

    _____

9. Wenn / er / antworten / mir nur / ! (*past*)

    _____

E. Mini-Dialogues.   *Subjunctive II is commonly used in quick exchanges. Your conversational partner may even use the indicative mood while you respond in the subjunctive. Complete the following exchanges, using subjunctive II with modals.*

1. A: Hast du Karla gesehen? Wir waren verabredet.

   B: Sie / müssen / sein / eigentlich schon hier (*present*)

   _____

2. A: Was! Die Karten waren ausverkauft?

   B: Ja, ich / sollen / kaufen / sie vorgestern (*past*)

   _____

3. A: Schade, dass die Müllers nicht da waren.

   B: Ja, es wäre nett gewesen, wenn / sie / können / kommen (*past*)

   _____

4. A: Glaubst du, dass Barbara unsere Verabredung vergessen hat?

   B: Das / können / sein (*present*)

   _____

5. A: Guten Abend. Ist Helke da?

   B: Nein, sie ist vor einer halben Stunde weggegangen.

   A: Ach, ich / sollen / anrufen / etwas früher (*past*)

   _____

6. A: Mein Auto ist noch kaputt.

   B: Du / sollen / lassen / reparieren / es vor Wochen (*past*: note the triple infinitive construction)

   _____

7. A: Können / Sie / abholen / mich ein wenig später / ? (*present*)

   _____

   B: Sicher, wie / sein / 7.30 / ? (*present*)

   _____

F. Unreal Conditions with Introductory Clauses.

Introductory statements or questions can be used with subjunctive II clauses (as well as with indicative clauses).

a) The introductory clause can be in be in the indicative or the subjunctive and in either the present or the past tenses.

b) The subjective II clause can be in either the present or the past tense.

INTRODUCTORY CLAUSE	SUBJUNCTIVE CLAUSE
Glaubst du,	er würde das tun?
Hast du geglaubt,	er würde das tun?
Was würdest du sagen,	wenn er das tun würde?
Was würdest du sagen,	wenn er das getan hätte?
Hätten Sie es geglaubt,	wenn er das gesagt hätte?

The logic and the use of tense and mood in these sentences is essentially identical to English and shouldn't pose any real problems.

Complete the following sentences, using subjunctive II in the tenses indicated in parentheses.

1. Was würdest du machen, wenn / er / glauben / dir nicht / ? (*present*)

   _____

2. Ich habe ihn gefragt, ob / er / helfen / uns (*present*)

   _____

3. Glaubst du, sie (*they*) / weggehen / ohne uns / ? (*past*)

   _____

4. Ich hätte nie gedacht, dass / er / haben / so viel Geld (*present*)

   _____

5. Wie wäre es, wenn / wir / gehen / später / ? (*present*)

   _____

6. Weißt du, wie viel / du / können / verdienen / ? (*present*)

   _____

7. Ich bin nicht sicher, ob / er / können / tun / es (*past*)

   _____

8. Was würdest du machen, wenn / er / sagen / nein / ? (*present*)

   _____

9. Er sagte, er / treffen / uns / vor / Kino (*present*)

   _____

G. Sentence Completion. *Use subjunctive II and your imagination to complete the following sentences. The tense of the second clause will be dictated by the tense of the first clause. Use modal auxiliaries in as many of your clauses as possible.*

1. Wenn du in die Stadt fahren wolltest,

   _____

2. Wenn wir gleich vor dem Laden hätten parken dürfen,

   _____

3. Sie hätte mehr schreiben können, wenn

   _____

4. Wenn du die Rechnung nicht hättest bezahlen können,

   _____

5. Wenn wir hier im Stadtzentrum bleiben könnten,

   _____

6. Wenn er wirklich gewollt hätte,

   _____

7. Ich hätte nichts dagegen, wenn

   _____

H. Expressing Wishes. *Use the following minimal cues to express wishes in subjunctive II in the tense indicated in parentheses. Use either the*

       1) **Wenn**-clause with **nur**:   Wenn ich nur hätte mitfahren dürfen!

or the 2) **Ich wollte**-construction   Ich wollte, ich hätte mitfahren dürfen.

1. Semester / aufhören (*present*)

_____

2. können / gehen / Ski laufen (*present*)

_____

3. haben / Wagen (*past*)

_____

4. du / sein / etwas vorsichtiger (*past*)

_____

5. wissen / Antwort (*present*)

_____

6. können / finden / Reisepass (*past*)

_____

7. dürfen / bleiben / länger (*past*)

_____

I. Reading.

Many teachers at German universities are quite willing to discuss papers while they are being written. But it is completely up to you to go to them during their office hours to take advantage of the opportunity. Don't wait for an invitation.

Read the text below, then check your understanding of it by answering the questions at the end of this section.

Die Seminararbeit

A: Sag mal. Hast du deine Arbeit von Dr. Hillebrandt zurückbekommen?

B: Vor drei Tagen. Er hat mir eine Zwei gegeben. Und dir?

A: Eine Vier.

B: Eine Vier? Das ist etwas hart. Was war denn?

A: Ach, er meinte, ich hätte etwas Sekundärliteratur benützen sollen und mein Thema genauer formulieren können.

B: Das war's?

A: Nicht ganz. Er sagte auch, dass die Arbeit etwas knapp war, und dass ich die Entwicklung viel besser hätte ausarbeiten können.

B: Was hat er dazu vorgeschlagen?

A: Dass ich in Zukunft zum Dozenten gehen sollte, bevor ich mit dem eigentlichen Schreiben anfange. Da müsste ich ihm eine ausführliche Gliederung zeigen. Dabei könnten wir besprechen, wie die einzelnen Teile zusammenhängen sollten.

B: Aber durftest du jetzt die alte Arbeit neu schreiben?

A: Nein, das nicht. Er meinte, wenn er das mit allen Studenten tun würde, dann würde er mit dem alten Semester nie fertigwerden. Aber mindestens hat er versprochen, er würde mich nächstes Semester höchstpersönlich in seine Sprechstunde bitten. Dass heisst, wenn ich noch ein Seminar bei ihm belegte.

B: Aber das alles hättest du letztes Semester von dir aus machen können.

A: Ich weiß.

B: Und belegst du noch ein Seminar bei ihm?

A: Ach, mal sehen.

Vocabulary for the Reading

eine Zwei   German grade (B, B+)
eine Vier   German grade (D)
Was war denn?   What was wrong?
knapp   short
die Entwicklung   development
vor•schlagen   to suggest, recommend
    (schlägt...vor), schlug...vor,
    vorgeschlagen

in Zukunft   in (the) future
der Dozent, –en, –en   instructor
ausführlich extensive
die Gliederung   outline
die Sprechstunde   office hour
belegen   to take (a course)
von dir aus   on your own, by yourself
mal sehen   we'll see

Questions

1. Was für Noten (grades) haben die beiden Studenten/Studentinnen bekommen? Bewerten (evaluate) Sie diese Noten.

   _____

   _____

2. Was sind die ersten zwei Gründe für die Note, die erwähnt werden?

   _____

   _____

3. Was sind aber wohl die noch wichtigeren Gründe?

   _____

   _____

4. Was hat Dr. Hillebrandt für die nächste Arbeit vorgeschlagen?

   _____

   _____

5. Warum meint der Dozent, dass Studenten ihre Arbeiten nicht neu schreiben dürften?

_____

6. Was aber verspricht er nächstes Semester für diesen Studenten zu tun?

_____

_____

7. Deuten (interpret) Sie die letzten Worte des Stückes.

_____

_____

Vocabulary for Chapter Eleven, Level Three

der **Flugschein, –e** airline ticket
der **Gefallen, –** favor
    geschehen* to happen
      (geschieht), geschah, ist geschehen
die **Informatik** Computer Science
    Jura Law
    Platz nehmen* to take a seat
      (nimmt . . . Platz), nahm . . . Platz, Platz
      genommen
    reagieren to react
    schaffen to do, get done
    schnarchen to snore
das **Stadtzentrum** (pl. **Stadtzentren**)
    downtown (area)

das **Stipendium** (pl. **Stipendien**)
    scholarship
    um•steigen* to transfer, change (busses,
      trains, etc.)
      stieg . . . um, ist umgestiegen
    verabredet sein* to have a date, have an
      appointment
    vorschlagen* to suggest
      (schlägt . . . vor), schlug . . . vor,
      vorgeschlagen
    weiter•studieren to stay in college
das **Wohnheim, –e** dorm(itory)
der **Zimmergenosse, –n, –n** roommate

Infinitival Constructions

12

A. Cued Clauses: *Use the following elements to form complete sentences. They contain infinitival expressions as well as constructions that can be confused with English infinitival expressions. (See Chapter 12, pp. 277–78, D. Contrastive grammar).*

a. 1. Er hat mich gebeten // helfen / ihm

_____

2. Sie hat es bloß gesagt // um / ärgern / dich

_____

3. Er / sein / nicht / finden (*past*)

_____

4. Wissen Sie // wie / man / machen / das / ?

_____

5. Hast du versucht // erreichen / ihn / ?

_____

6. Statt / sitzen / hier // sollten wir etwas tun.

_____

7. Ich möchte // dass / sie (she) / mitkommen

_____

8. Es wäre viel klüger // sagen / nichts darüber

_____

9. Das / sein / nicht / fassen

_____

10. Er sagte mir // dass / ich / sollen / sagen / es Ihnen

_____

b. 1. Ich habe keine Lust // bleiben / viel länger

_____

2. Um / sparen / Geld // sind wir in einer Jugendherberge geblieben.

_____

3. Es ist jetzt schwer // finden / Parkplatz

_____

4. Sie ging weg // ohne / sagen / ein Wort

_____

5. Ich weiß nicht // wen / ich / sollen / fragen

_____

6. Es fängt an // werden / interessant

_____

B. Mini-Dialogues: *Use the following cues to form the suggested short dialogues.*

1. A: Wir / sitzen / schon / seit / ein Stunde / hier   (*present*)

   _____

   B.: Ja, es ist sinnlos // warten / länger

   _____

2. A: Gefallen / es / Ihnen / hier in München / ?   (*present*)

   _____

   B: Ja, es ist gut // sein / wieder / hier

   _____

3. A: Wollen / wir / essen / in / Mensa / ?   (*present*)

   _____

   B: Nein, ich hätte Lust // gehen / in / Restaurant

   _____

4. A: Warum / er / machen / so etwas / ?   (*present perfect*)

   _____

   B: Er hat es bestimmt getan // ohne / überlegen (reflexive) / es

   _____

5. A: Aber / du / müssen / sein / vorsichtig   (*present*)

   _____

   B: Ja, es ist jetzt sehr wichtig // machen / kein / Fehler

   _____

6. A: Hören / du / Lärm / gestern Abend / ?   (*present perfect*)

   _____

   B: Ja // es / sein / kaum / aushalten

   _____

7. A: Können Sie mir sagen // wie / man / kommen / zu / Bahnhof / ?

   _____

   B: Es / tun / mir leid // Ich / sein / fremd / hier   (*present*)

   _____

8. A: Bernhard / blamieren (reflexive) / auf / Party   (*perfect*)

_____

   B: Ich habe dir gesagt // dass / du / sollen / einladen / ihn nicht

_____

9. A: Sollen / wir / gehen / Freitagabend / in / Oper / ? (*Subj. II present*)

_____

   B: Es ist fast unmöglich // kriegen / jetzt / Karten

_____

C. Cued responses.   *Complete the following conversational exchanges. Most of your responses will be infinitival expressions but some will be **dass**-clauses that can be confused with English infinitivals. (See Chapter 12, pp. 277–78, D. Contrastive grammar.)*

1. A: Weißt du, dass er neulich in Hamburg war?

   B: Ja, aber ich hatte keine Chance _____ .

      (ihn sehen)

2. A: Komisch, dass er uns nicht gegrüßt hat.

   B: Finde ich auch; er ging vorbei _____ .

      (ein Wort sagen)

3. A: Wollen wir zum Chinesen gehen?

   B: Eigentlich hätte ich eher Lust _____ .

      (italienisch essen)

4. A: Warum will er das Geld nicht annehmen?

   B: Er will ja nicht, dass _____ .

      (ihm helfen)

5. A: Wie bleibst du so fit?

   B: Jeden Tag versuche ich _____ .

      (5 Kilometer joggen)

6. A: Hörst du nach dem Magister auf?

   B: Nein, ich habe vor _____ .

      (Staatsexamen machen)

7. A: Können wir Klara beim Aufräumen helfen?

   B: Nein, sie will, dass _____ .

      (sitzen bleiben)

8. A: Steig ein!

   B: Moment, ich habe vergessen _____ .

      (Haustür zumachen)

9. A: Warum ist er zu Hause geblieben?

   B: Er hatte einfach keine Lust _____ .

      (diesmal mitkommen)

10. A: Sollen wir auf Jochen warten?

    B: Nein, er sagte, dass _____ .

       (weiterfahren ohne ihn)

)

D. Cued answers.   *Use an infinitival construction to answer each of the following questions.*

1. A: Gehst du jetzt schon ins Bett?   (zu früh)

   B: _____

2. A: Hast du das alles verstanden?   (schwer)

   B: _____

3. A: Kommen Sie heute Abend mit?   (keine Lust)

   B: _____

4. A: Hast du die Reinigung abgeholt?   (vergessen)

   B: _____

5. A: Hat er einen guten Job gefunden?   (heutzutage schwer)

   B: _____

6. A: Hast du es überall gesucht?   (keine Zeit)

   B: _____

7. A: Hast du Kant gelesen?   (zu schwierig)

   B: _____

E. Sentence Completion.   *Complete the following sentences, using infinitival constructions.*

1. Wir versuchen natürlich alle _____ .

2. Aber vergessen Sie bitte nicht _____ .

3. Ich glaube, wir sollten aufhören _____ .

4. Sie joggt jeden Morgen _____ .

5. Wir sollten uns eigentlich die Zeit nehmen _____ .

6. Ich bitte Sie _____ .

7. Ich glaube, ich hätte Lust _____ .

8. _____ , sind wir in die Schweiz gefahren.

F. Reading.

Are there really still people in your generation who believe they will receive much in the way of Social Security? Or that it will be enough to support them? Here is your first course in business German: it will introduce you to the world of *investments* (**Wertpapiere**), bank accounts (**Bankkonten**), certificates of deposit (**Sparbriefe**), bonds (**Schatzbriefe**) and, most importantly, stocks (**Aktien**). In a very literal sense, your life may depend upon them.

Blick in die Zukunft

Das soziale Netz ist fraglich geworden. Immer mehr verstehen die Leute, dass nicht der Staat *sondern man selbst* für die eigene Zukunft—auch für die eigene Altersversorgung—verantwortlich sein muss. Und das bedeutet nicht nur, dass man sparen muss, sondern auch dass man lernen muss, wie man das eigene Geld investiert, um den größten Gewinn zu haben. Allerei Wertpapiere, wie Sparkonten, Sparbriefe, Schatzbriefe und Aktien, sind bei jeder deutschen Bank zu finden. Aber wie soll man wählen? Statt zu lange zu warten sollte man jetzt darüber nachdenken. Und es ist nie zu früh damit anzufangen.

Zinsen von Sparkonten bringen das Wenigste: sie bringen kaum soviel wie die Inflationsrate. Und denken Sie daran, dass Einkommenssteuer darauf zu zahlen ist. Das bedeutet, dass da kaum Geld zu machen ist. Der Vorteil ist, dass man wenig Geld haben muss um ein Sparkonto zu eröffnen, und dass Sie jederzeit Ihr Geld bekommen können. (Eine sichere Matratze!)

Bei Sparbriefen und Bundesschatzbriefen fängt es erst an finanziell interessant zu werden. Da sind die Zinsen drei bis viereinhalb Prozent über der Inflationsrate. Bundesschatzbriefe kommen von der Bundesregierung und Sparbriefe von der Bank. Da muss man aber normalerweise einige tausend Euro investieren und man muss mindestens ein Vierteljahr oder ein halbes Jahr warten, bis man sein Geld wieder bekommen kann.

Da bleiben im Grunde nur Aktien übrig. Als Aktionär ist man ein (sehr kleiner) Teilhaber von einem Konzern. Statt Zinsen bekommt man jährlich Ausschüttungen. Diese sind oft viel weniger als die Zinsen von Sparbriefen—aber hier geht es nicht um das jährliche Einkommen sondern um die Möglichkeit an dem Erfolg des Konzerns teilzunehmen.

Sparkonten und Sparbriefe sind sicherer. Es gibt fast kein Risiko; Sie bekommen Ihr Geld mit Zinsen zurück. Mit Aktien wettet man auf die Wachstumsmöglichkeit eines Konzerns. Wächst der Konzern, fängt er an produktiver zu werden, dann steigen die Ausschüttungen und die Preise der Aktien. Aber wenn der Konzern weniger erfolgreich ist—verglichen mit anderen Konzernen auf dem globalen Markt—können die Preise auch fallen statt zu steigen. Aber wenn sie steigen, sind die paar Prozent

Zinsen von einem Sparbrief lächerlich klein im Vergleich mit dem potenziellen Gewinn. Und Sie brauchen keine Steuer auf den Gewinn zu bezahlen, bis Sie die Aktien verkaufen.

Wissen Sie, was Sie machen werden? Wissen Sie, wie und wann Sie Ihr Geld investieren sollten? Keine einfachen Fragen. Aber Ihre Zukunft hängt doch davon ab. Denken Sie jetzt daran. Früher oder später ist die Frage nicht zu vermeiden.

Vocabulary for the Reading

die Zukunft   the future
das soziale Netz   "the social network" of
    governmental programs
fraglich   questionable
die Altersversorgung   pension, financial
    provision for one's old age
verantwortlich   responsible
der Gewinn   profit
das Wertpapier, –e   investment
das Sparkonto, –s, –konten   savings account
der Sparbrief, -e   like a certificate of deposit
der Schatzbrief, -e   bond
die Aktie, –n   stock, shares in a company
die Zinsen   interest
die Inflationsrate   rate of inflation
die Einkommensteuer   income tax
der Vorteil   advantage

die Matratze   mattress
der Bundesschatzbrief, -e   government bond
Da bleiben . . . übrig   that leaves. . .
der Aktionär   stockholder
der Teilhaber   co-owner, part owner
die Ausschüttungen (pl.)   dividends
der Erfolg   success
teil•nehmen an (+ *dat.*)   participate in
das Risiko   risk
wetten   to bet
die Wachstumsmöglichkeit   possibility of
    growth
der Markt   the (stock) market
lächerlich   ridiculously
im Vergleich mit   compared with
die Steuer   tax
vermeiden   to avoid

Questions

1. Warum muss man immer mehr für die eigene Zukunft verantwortlich sein?

_____

_____

2. Was muss man jetzt im Grunde lernen?

_____

3. Was ist der Nachteil (disadvantage) von einem Sparkonto? Was ist der Vorteil?

_____

_____

4. a. Warum sind Sparbriefe und Bundesschatzbriefe besser?

   _____

   b. Warum sind sie aber nicht für jedermann?

   _____

5. Was ist ein Aktionär?

   _____

6. Von welchen Wertpapieren bekommt man das bessere jährliche Einkommen?

   _____

7. a. Was ist der Hauptgrund Aktien zu besitzen?

   _____

   _____

   b. Was ist der Hauptnachteil von Aktien?

   _____

8. Welche Steuerkonsequenzen haben die verschiedenen Wertpapiere?

   _____

   _____

Vocabulary for Chapter Twelve

an•nehmen* to accept
(nimmt . . . an), nahm . . . an,
angenommen
aus•halten* to stand, bear
(hält . . . aus), hielt . . . aus, ausgehalten
bitten* to ask (for something)
bat, gebeten
sich **blamieren** to make a fool of oneself
bloß only, merely
ein•reichen to hand in
erreichen to reach, get hold of
fassen to grasp, comprehend
nicht zu fassen incredible
der **Fehler, –** mistake
fertig schreiben* to finish writing
schrieb . . . fertig, fertig geschrieben
fit in good (physical) shape
fremd strange, foreign
Ich bin hier fremd. I'm a stranger here.
grüßen to say hello
die **Jugendherberge, –n** youth hostel

klug bright, clever
kriegen to get (slang)
der **Lärm** noise
der **Magister** M.A.
neulich recently
die **Oper, –n** opera
die **Reinigung** (dry)cleaning
das **Restaurant, –s** restaurant
sinnlos senseless
sitzen bleiben* to stay seated
blieb . . . sitzen, ist sitzen geblieben
der **Spielverderber, –** spoil-sport
das **Staatsexamen** state degree
equivalent to M.A.
überall everywhere
sich **überlegen** to think about, give some
thought to (something)
um•ziehen* to move (to a new house
or apartment)
zog . . . um, ist umgezogen

Relative Pronouns and Relative Clauses

13

LEVEL ONE

A. Fill-ins. *Supply the appropriate relative pronoun.*

a. 1. Ich sehe nur Filme, _____ ein Happyend haben.

  2. Die alte Dame, _____ nebenan wohnt, hat zwölf Katzen.

  3. Robert ist der einzige Freund, mit _____ ich mich richtig aussprechen kann.

  4. Wir suchen ein Auto, _____ weniger als 5000 Euro kostet.

  5. Ich zeige dir die Ohrringe, _____ ich zum Geburtstag gekriegt habe.

  6. Der Opel ist der Wagen, _____ am meisten gekauft wird.

  7. Das Bild, _____ ich kaufen wollte, hat jemand mir weggeschnappt.

  8. Tja, was sagt man einem Mann, _____ Frau davongelaufen ist?

  9. Kennst du den Typ, _____ da an der Bar sitzt?

 10. Das ist das einzige Foto, auf _____ wir beide zu sehen sind.

b. 1. Politiker, _____ im Fernsehen interviewt werden, reden meistens Unsinn.

  2. Borschtsch ist eine Suppe, _____ aus Kohl und roten Rüben gemacht wird.

  3. Wie heißt der Junge, _____ du gestern mitgebracht hast?

  4. Ein Steak, _____ zu mager ist, hat keinen Geschmack.

  5. Das war eine Nacht, _____ ich lieber vergessen würde.

  6. Wie heißt die Ärztin, zu _____ du früher gegangen bist?

  7. Das ist ein Gesicht, _____ man sofort wieder erkennt.

  8. Wie heißt das Märchen mit der alten Frau, _____ Kinder alle in einem Schuh leben?

  9. Der ist ein Schauspieler, von _____ man noch hören wird.

 10. Die Leute, _____ wir unser Haus verkauft haben, wollen schon nächste Woche einziehen.

B. Mini-Dialogues.   *Complete each of the following short dialogues by adding a suitable relative clause.*

1. A: Ist die 13 die einzige Straßenbahn, _____ ?

   B: Nein, man kann auch die 17 nehmen.

2. A: Das war vielleicht das beste Stück, _____ .

   B: Ich fand es auch toll.

   A: Wie heißt die Schauspielerin, _____ ?

3. A: Wer war der irre Typ, _____ ?

   B: Meinst du den mit dem Ohrring?

   A: Nein, den kenne ich schon. Ich meine den Blonden, _____ .

4. A: Wie beschreibt man einen Mann, _____ ?

   B: Man sagt, dass er eine Glatze hat.

5. A: Gibt es ein Wort für jemanden, _____ ?

   B: *Computerfreak* sagt man auf Deutsch; die Amerikaner sagen *nerd*.

6. A: Sie sind einfach verschwunden?

   B: Ja, das war das letzte Mal, _____ .

C. Definitions.   *Complete the following definitions with a relative clause.*

a. 1. Vegetarier sind Menschen,_____ .

  2. Eine Witwe ist eine Frau,_____ .

  3. Ein Neinsager ist jemand, _____ .

  4. Ein Junggeselle ist ein Mann, _____ .

  5. Eine Waschmaschine ist ein Gerät, _____ .

  6. Waisen sind Kinder,_____ .

  7. Eine Kellnerin ist eine Frau, _____ .

  8. Mein Chef ist der Mann, _____ .

  9. Ein Parka ist eine Jacke, _____ .

  10. Ein Gebrauchtwagenhändler ist jemand, _____ .

b. 1. Ein Geldautomat ist ein Gerät, _____ .

  2. Der Teddybär ist das Kuscheltier, _____ .

  3. Ein päpstlicher Sänger ist ein Junge,_____ .

Vocabulary for Chapter 13, Level One

die	**Ärztin, –nen** (female) doctor	
sich	**aus•sprechen*** to have a heart-to-heart talk	
	(spricht sich . . . aus),	
	sprach sich . . . aus, hat sich	
	ausgesprochen	
der	**Borschtsch** borscht (beet soup)	
	davon•laufen* to run off, run away	
	(läuft . . . davon), lief . . . davon,	
	ist davongelaufen	
der	**Gebrauchtwagenhändler, –** used car salesman	
der	**Geldautomat, –en, –en** ATM	
das	**Gerät, –e** apparatus, machine	
die	**Glatze, –n** bald head	
das	**Happyend, –s** happy ending	
	irre great, terrific (slang)	
der	**Junggeselle, –n, –n** bachelor	
der	**Kohl** cabbage	
	kriegen to get (slang)	
das	**Kuscheltier, –e** stuffed (toy) animal	

	mager lean	
der	**Maler, –** painter	
das	**Märchen, –** fairytale	
	nebenan next-door	
der	**Neinsager, –** naysayer, negative person	
der	**Ohrring, –e** earring	
	päpstlich papal	
der	**Parka, –s** parka	
die	**rote Rübe, –n** beet	
der	**Sänger, –** singer	
die	**Schauspielerin, –nen** actress	
die	**Straßenbahn, –en** streetcar	
das	**Stück, –e** play	
der	**Typ, –en** guy	
der	**Unsinn** nonsense	
der	**Vegetarier, –** vegetarian	
die	**Waise, –n** orphan	
	weg•schnappen to buy (lit.: snatch) right out from under someone's nose	
	wieder erkennen* to recognize erkannte . . . wieder, wieder erkannt	

Relative Pronouns
and
Relative Clauses

LEVEL TWO

A. Fill-ins. *Complete the following sentences with* **wo**, **was**, *a* **wo(r)**-*compound, or the correct form of* **wer**.

a. 1. Ohne die Gästeliste wissen wir nicht einmal, _____ wir eingeladen haben.

2. Ich zeige Ihnen das Beste, _____ ich habe.

3. Er ist bei der Klausur durchgefallen, _____ niemand erwartet hat.

4. Ich bin nicht sicher, _____ er gedacht hat.

5. Ich kenne diesen Namen nicht. Weißt du, _____ es ist?

6. Vieles, _____ sie sagte, haben wir schon gewusst.

7. Weißt du, _____ das mich erinnert?

8. Können Sie mir sagen, _____ Wagen das ist?

9. Das Nächste, _____ ich machen muss, ist die Miete zahlen.

10. Stinkreich muss er sein. Filetsteak ist fast das Einzige, _____ er isst.

b. 1. Wir haben drei sonnige Tage hintereinander gehabt, _____ sehr selten vorkommt.

2. Sie hatten nichts, _____ wir gebrauchen konnten.

3. Hast du irgendetwas, _____ ich diese Dose aufmachen kann?

4. Morgen ist sie den ganzen Tag in Frankfurt, _____ sie eine Reihe von Terminen hat.

5. Das ist etwas, _____ du sehr stolz sein kannst.

6. _____ so 'was tut, muss verrückt sein!

7. Viele Grüße aus Griechenland, _____ wir herrliches Wetter haben!

B. Free completions.   *Supply relative clauses or indirect questions that logically complete the following sentences. This exercise involves all of the constructions you have reviewed in Level One and Level Two.*

a. 1. Wie heißt das Mädchen, _____ ?

    2. Er ist ohne jede Spur verschwunden,_____ .

    3. Der Psychiater,_____ ,

        hat selber nicht alle Tassen im Schrank (doesn't have all his marbles, [lit.: doesn't have all of his cups

        in his cupboard]).

    4. Hätten Sie vielleicht etwas,_____ ?

    5. Und das war das letzte Mal,_____ .

    6. Viele Grüße aus Reykjavik,_____ !

    7. Hast du den Brief bekommen, _____ ?

    8. Ich habe keine Ahnung, _____ .

    9. Das ist das Allererste, _____ .

  10. Das Buch, _____ ,

        hat einen ganz anderen Titel.

b. 1. So eine elegante Frau! Sag mir,_____ .

    2. Heutzutage gibt es viele Kinder, _____ .

    3. Ich bin zum Schlussverkauf gegangen, aber alles, _____ ,

        war schon weg.

    4. Er hat mir eine 2 gegeben,_____ .

    5. Die Leute, _____ ,

        sind alte Freunde von uns.

    6. Die Frauenärztin, _____ ,

        hat einen sehr guten Ruf. Kalte Hände hat sie leider auch.

C. Reducing relative clauses. *Very often a complete relative clause is the easiest and best way to describe someone or something. Sometimes, however, it is more economical to use a short form of the relative clause, especially in writing:*

FULL CLAUSE   Seine Freunde, <u>die von seinen Worten verletzt waren</u>, standen auf und gingen.

REDUCED CLAUSE   Seine Freunde, <u>von seinen Worten verletzt</u>, standen auf und gingen.

a. Rewrite the following sentences, using reductions of the relative clauses:

1. Christoph, der mein ältester Freund ist, wird nach Stuttgart versetzt.

   _____

2. Die Kinder, die von der langen Wanderung total erschöpft waren, sind beim Abendessen eingeschlafen.

   _____

3. Sein letztes Buch, das von allen Kritikern gelobt wurde, wird trotzdem kaum gelesen.

   _____

4. Unser Haus, das an der Ostseite des Berges gelegen ist, hat herrliche Morgensonne.

   _____

5. Ihr Erfolg, der durch harte Arbeit erreicht wurde, war wohl verdient.

   _____

And sometimes whole relative constructions can be reduced to simple phrases:

RELATIVE CONSTRUCTION   Das Zimmer, in dem ich wohne . . .
SIMPLE PHRASE   Mein Zimmer . . .

b. Reduce the following relative expressions to short phrases:

1. Die Freunde, die ich habe, . . .

   _____

2. Das Auto, das gestohlen wurde, . . .

   _____

3. Eine Liebe, die verboten ist, . . .

   _____

4. Türen, die geschlossen sind, . . .

   _____

5. Ein Versuch, der misslungen war, . . .

   _____

D. Reading.

Buying your son or daughter a birthday present must have been easier before "grunge" became the fashion. Or perhaps these tortures have always been part of the generation gap. Read the text below, then check your understanding of it by answering the questions at the end of this section.

Mutter und Tochter

Nächste Woche hat Christa Geburtstag und ich habe keine Ahnung, was ich ihr kaufen soll. Kleider kommen gar nicht in Frage, denn alles, was ich hübsch finde, findet sie „archaisch." Den schicken Hosenanzug, den ich ihr voriges Jahr geschenkt habe, trägt sie nie. „Nicht mein Image," war alles, was sie dazu zu sagen hatte. Stattdessen trägt sie tagein tagaus die zerfetzten Jeans, die sie irgendwo auf einem Flohmarkt gefunden hat. Vielleicht schenke ich ihr die schöne Armbanduhr, die ich von meiner Mutter geerbt habe—aber nein, sie würde sich von ihrer Swatch nie trennen. Schmuck kommt also auch nicht in Frage.

Das Problem ist leider, dass fast alles, wofür sich Christa interessiert, mir völlig fremd ist. Sie ist, zum Beispiel, ein leidenschaftlicher Computerfreak. Ich dagegen kann einen Computer nicht einmal anmachen, geschweige denn im Internet surfen. Ich weiß, ich weiß, wer heutzutage nicht online ist, ist ein Dinosaurier. Aber etwas für ihren Computer wäre schon eine Idee. Vielleicht hilft mir ihr Freund Jochen, der auch Informatik studiert. Aber nein, so was wäre mehr ein Geschenk von Jochen als von mir.

Der Wagen, den ich ihr voriges Jahr als Abiturgeschenk gegeben habe, war natürlich ein Bombener-folg, aber so etwas Teures kann ich mir dieses Jahr nicht leisten. Und Maschinen sind irgendwie zu unpersönlich als Geschenke.

Das Einzige, worauf wir uns vielleicht einigen könnten, wäre Musik, wo wir beide dieselbe Geschmacksrichtung haben. Christa hat immer eine Schwäche für die Klassiker gehabt, vor allem für Mozart, den sie sogar als kleines Kind geliebt hat. Ich meine Christa als kleines Kind, nicht Mozart. Sie hat sogar eine Videokassette von *Amadeus*, die sie sich mindestens einmal im Monat anschaut. Und wenn sie am Computer arbeitet, will sie immer Bach-Sonaten als Hintergrundmusik haben. Es soll eine neue Aufnahme von den Goldberg-Variationen geben. Ja, das wäre was für Christa. Also ein Problem weniger.

Aber was kaufe ich Christoph, der jetzt im Juni siebzehn wird? Vielleicht ein schönes . . . .

Vocabulary for the Reading

keine Ahnung no idea	**die Informatik** computer science
archaisch archaic	**das Abiturgeschenk** (high school) graduation
schick chic	present
zerfetzt ragged	**der Bombenerfolg** huge success
der Flohmarkt flea market	**sich leisten** to afford
die Armbanduhr wristwatch	**irgendwie** somehow
erben to inherit	**sich einigen** to agree on
sich trennen to part (with)	**die Geschmacksrichtung** taste
der Schmuck jewelry	**die Schwäche** weakness
leidenschaftlich passionate	**die Hintergrundmusik** background music
geschweige denn let alone	**die Aufnahme** recording

Questions

1. Ungefähr wie alt ist Christa?

   _____

2. Was macht sie jetzt?

   _____

3. Was würde sie vielleicht zu einer Halskette (necklace) sagen?

   _____

4. Warum ist hier von Christas Vater nicht die Rede?

   _____

   _____

5. Spekulative Frage: was für einen Wagen fährt Christas Mutter, wenn sie einen hat? Begründen Sie
   Ihre Antwort.

   _____

   _____

6. Was ist fast das Einzige, was Christa und ihre Mutter gemeinsam haben (have in common)?
   Warum wohl?

   _____

   _____

7. Wer ist Christoph und was wird er vielleicht als Geschenk bekommen?

   _____

Vocabulary for Chapter 13, Level Two

die **Ahnung, –en**   idea, notion
    keine Ahnung   not a clue
die **Dose, –n**   can (e.g., soup can)
durch•fallen*   to fail, flunk
    (fällt . . . durch), fiel . . . durch,
    ist durchgefallen
einmal   once
    nicht einmal   not even
ein•schlafen*   to fall asleep
    (schläft . . . ein), schlief . . . ein,
    ist eingeschlafen
erschöpft   exhausted
die **Frauenärztin, –nen**   (female) gynecologist
die **Gästeliste, –n**   guest list
gebrauchen   to use
der **Gruß, ̈e**   greeting
herrlich   splendid
heutzutage   nowadays
hintereinander   in a row
irgendetwas   anything
die **Klausur, –en**   (written) examination
der **Kritiker, –**   critic

die **Miete, –n**   rent
misslingen*   to fail, be unsuccessful
    misslang, ist misslungen
die **Ostseite, –n**   east side
der **Psychiater, –**   psychiatrist
die **Reihe, –n**   series
der **Schrank, ̈e**   cupboard
die **Spur, –en**   trace
stehlen*   to steal
    (stiehlt), stahl, gestohlen
stinkreich   filthy rich, loaded
die **Tasse, –n**   cup
    nicht alle Tassen im Schrank haben
    to be a little strange
der **Termin, –e**   appointment
der **Titel, –**   title
verbieten*   to forbid
    verbot, verboten
verdienen   to earn
verrückt   crazy
versetzen   to transfer
die **Wanderung, –en**   hike

Subjunctive I: Indirect Speech

14

A. Indirect Speech with Subjunctive I. *Change the following direct quotations into indirect speech.*

A summary of the rules:

1. If the subject of the indirect quote is in the 3rd person singular, the verb will be in subjunctive I.

2. Except for **seien**, 3rd person plural forms aren't recognizable as subjunctive I, so use subjunctive II.

3. It is the verb tense of the original quote that determines the tense of the verb in the indirect quote.

4. If **dass** is omitted, the indirect quote will be in normal word order.

5. Subjunctive II in the original quote stays subjunctive II in the indirect quote.

a. 1. „Es ist nicht machbar."

   Er sagte, dass es _____

2. „Die Inflationsrate ist gesunken."

   Die Zentralbank teilte heute mit, dass _____

3. „Ich kann es nicht vor Dienstag machen."

   Sie sagte, sie _____

4. „Sie haben das Haus verkauft."

   Sie sagen, sie _____

5. „Wir konnten den Vertrag nicht finden."

   Sie schreiben, sie _____

6. „Ich werde auf Ihr Gegenangebot warten."

Er sagte, er _____

7. „Ihren Brief haben wir erst gestern bekommen."

Sie sagen, sie _____

8. „Ich wäre für seine Unterstützung sehr dankbar."

Sie sagte, dass sie _____

9. „Wir werden leider keine Zeit haben."

Sie sagten, dass sie _____

10. „Ich brauche Ihre Hilfe."

Sie schreibt, dass sie _____

b. 1. „Ich vergesse immer, meinen Regenschirm mitzubringen."

Sie sagt, sie _____

2. „Sie sollen einen neuen kaufen."

Er sagte Ihnen, Sie _____

3. „Wir waren sehr besorgt."

Er sagte, dass sie _____

4. „Ich habe den Termin verpasst."

Sie sagte, dass sie _____

5. „Würde das Ihnen recht sein?"

Er fragte, ob das _____

B. *Subjunctive I in a Book Review.*

A maledictologist is a researcher who studies curses, insults, and imprecations around the world. A central notion is that cursing finds its images in the beliefs and practices that are most taboo in any given culture. The following brief passages are from a German Sunday-supplement. Put the underlined verbs into subjunctive I and you will have exactly what the reviewer wrote:

1. Schimpfen <u>ist</u> (_____) gesund, denn wer seinen Ärger in sich <u>hineinfrisst</u>

   (_____), <u>steht</u> (_____) wie ein Dampfkessel unter Überdruck. Vom

   Magengeschwür über Herzbeschwerden bis zur Neurose <u>verursacht</u> (_____) gestauter

   Ärger viele Sorten von Krankheit.

2. Der Erste, der im Neandertal geschimpft statt zur Keule gegriffen <u>hat</u> (_____), der <u>hat</u>

   (_____) (laut Freud) die Menschheit auf eine höhere Kulturstufe gehoben. Der weltweite

   Verfall der Schimpfkultur in der Gegenwart <u>ist</u> (_____) mit schuld am Umsichgreifen von

   Gewalt. Von der physischen Aggression über die verbale Aggression zurück zur Keule. Schlimme

   Aussichten.

C. Subjunctive I in Commands, Suggestions and Directions.

1. The Bible abounds in formulaic commands and admonitions, many of which German renders in subjunctive I. Note that English chooses other forms:

> Es *werde* Licht!
> (Let there be light.)
>
> Gelobt *sei* der Herr!
> (Praised be the Lord!)
>
> Wer ohne Sünde ist, der *werfe* den ersten Stein!
> (Let him among you who is without sin cast the first stone.)

When it comes to giving commands and directions, cookbooks are just as formulaic as the Bible. The traditional way to give a recipe was to use subjunctive I. Here is a simple recipe for mushroom soup:

> Man *bräune* eine kleine, fein geschnittene Zwiebel mit etwas Butter. Dann *gebe* man
>
> 300–500 g sehr fein zerkleinerte Pilze dazu. Man *bestäube* die Mischung sofort mit Mehl und *lösche*
>
> mit Wasser oder Fleischbrühe *ab*. Man *koche* die Suppe nur kurz, damit die Pilze knackig bleiben.

The same recipe can be given using the passive voice (see the recipe for Roast Goose on p. 132 of this Manual):

> Eine kleine fein geschnittene Zwiebel *wird* mit etwas Butter *gebräunt*. Dann *werden* 300–500 g sehr
>
> fein zerkleinerte Pilze *dazugegeben*. Die Mischung *wird* sofort mit Mehl *bestäubt* und mit Wasser
>
> oder Fleischbrühe *abgelöscht*. Die Suppe *wird* nur kurz *gekocht*, damit die Pilze knackig bleiben.

Modern cookbooks tend to use simple infinitives instead of subjunctive I or the passive:

> Eine kleine fein geschnittene Zwiebel mit etwas Butter *bräunen*, 300–500 g sehr fein zerkleinerte
>
> Pilze *dazugeben,* die Mischung sofort mit Mehl *bestäuben* und mit Wasser oder Fleischbrühe
>
> *ablöschen.* Die Suppe nur kurz *kochen,* damit die Pilze knackig bleiben.

2. What follows is the recipe for an old favorite, **ungarische Gulaschsuppe**. As a modern recipe, it uses infinitives rather than subjunctive I. Put it into traditional form by using complete sentences with **man** as the subject and with the conjugated verbs in subjunctive I:

250 g mageres Schweinefleisch	1 TL Thymian (der Teelöffel)
125 g Dörrfleisch	3/4 l Wasser
2 große Zwiebeln	Salz
2–3 Knoblauchzehen	1 Glas Rotwein
3 Karotten	1 Tasse Sauerrahm
500 g Tomaten	1 Prise Zucker
2 Lorbeerblätter	1 Zitronenschale
5 g Kümmel	1–2 EL Paprika (der Esslöffel)

Das Schweinefleisch in kleine Würfel *schneiden.* Das Schweinefleisch mit dem Dörrfleisch in einer Kasserolle goldbraun *rösten.* Die feingehackten Zwiebeln, die zerdrückten Knoblauchzehen, die geriebenen Karotten, die enthäuteten, kleingeschnittenen Tomaten, Lorbeerblätter, Kümmel und Thymian *dazugeben.* Alles gut *verrühren.* Das ganze 25 Minuten auf kleiner Flamme *dünsten.* Die Kasserolle mit dem Wasser *auffüllen.* Mit Salz, Paprika und dem Rotwein *würzen.* Das Gulasch 5 Minuten ziehen *lassen.* Sauerrahm, Zucker, die abgeriebene Zitronenschale *dazugeben.*

Re-write the recipe, using subjunctive I.

_____

_____

_____

_____

_____

_____

_____

_____

_____

Vocabulary for Chapter Fourteen

abgerieben grated
ab•löschen to add (a liquid) to
der **Ärger** anger
auf•füllen to fill (up)
die **Aussicht, –en** prospect
besorgt worried
bestäuben to dust, sprinkle
bräunen to brown
die **Bundesbank** Federal Bank
der **Dampfkessel, –** boiler
dankbar thankful
dazu•geben* to add
   (gibt . . . dazu), gab . . . dazu,
   dazugegeben
das **Dörrfleisch** lean bacon
der **Druck** pressure
dünsten to braise, simmer
enthäuten to peel
feingehackt finely chopped
die **Fleischbrühe** meat stock, bouillon
das **Gegenangebot, –e** counteroffer
gestaut pent-up
die **Gewalt** violence

greifen* to grab, reach for
   griff, gegriffen
   zur Keule greifen to reach for
   (one's) club
die **Gulaschsuppe, –n** goulash soup
heben* to raise, elevate
   hob, gehoben
die **Herzbeschwerden (pl.)** heart trouble
hinein•fressen* to eat into
   (frisst . . . hinein), fraß . . . hinein,
   hineingefressen
   in sich hineinfressen to bottle up,
   repress
hinzu•geben* to add
   (gibt . . . hinzu), gab . . .
   hinzu, hinzugegeben
die **Inflationsrate** rate of inflation
die **Karotte, –n** carrot
die **Keule, –n** club
knackig crisp
die **Knoblauchzehe, –n** clove of garlic
die **Kulturstufe, –n** cultural level
der **Kümmel** caraway seed

	laut (prep.) according to
	laut Freud according to Freud
das	**Lorbeerblatt, ̈er** bay leaf
	machbar doable
das	**Magengeschwür, –e** stomach ulcer
	mager lean
das	**Mehl** flour
die	**Menschheit** humanity, mankind
das	**Neandertal** Neanderthal (place name)
	der Neandertaler, – Neanderthal (man)
die	**Neurose, –n** neurosis
der	**Paprika** paprika
	physisch physical
der	**Pilz, –e** mushroom
die	**Prise, –n** pinch
	recht right, all right
	einem recht sein to be all right with someone
der	**Regenschirm, –e** umbrella
	reiben* to grate
	rieb, gerieben
	rösten to fry
der	**Sauerrahm** sour cream
	schimpfen swearing, cussing

	schuld an (+ *dat.*) responsible for
das	**Schweinefleisch** pork
	sinken* to sink
	sank, ist gesunken
der	**Termin, –e** appointment
der	**Thymian** thyme
das	**Umsichgreifen** spread
	ungarisch Hungarian
die	**Unterstützung** support
der	**Verfall** decay, decline
	verpassen to miss (e.g., an appointment)
	verrühren to stir together, mix
der	**Vertrag, ̈e** contract
	verursachen to cause
	weltweit worldwide
der	**Würfel, –** cube
	würzen to spice
	zerdrücken to mash, crush
	zerkleinern to chop up, mince
	ziehen* to steep, simmer
	zog, gezogen
die	**Zitronenschale, –n** lemon peel
der	**Zucker** sugar
die	**Zwiebel, –n** onion

Special Topics: Nouns and Pronouns
15

I. NOUNS AND GENDER

As you already know, the safest way to learn the gender of a German noun is to learn its article along with it. But you have also seen, there are some simple rules that will spare you a great deal of unnecessary memorization. Here are a few more predictable groups:

1. Masculine: Himmelsrichtungen (directions, points of the compass)

Except for the word **Himmelsrichtung** itself, which you can recognize as feminine by its **-ung** ending, all compass directions are *masculine*:

> **der Norden, der Süden, der Osten, der Westen**

A. General locations. *Locate the following cities within their respective countries:*

> EXAMPLE: Boston liegt **im Osten**.

1. München liegt _____ .
2. Hamburg liegt _____ .
3. New York liegt _____ .
4. San Francisco liegt _____ .
5. Marseille liegt _____ .
6. Vancouver liegt _____ .
7. Wladiwostok liegt _____ .

B. Slightly more precise locations.   *The gender doesn't change if you make the location a little more precise.*

im Nordosten, im Nordwesten, im Südosten, im Südwesten

Locate the following American cities:

1. Boston liegt _____ .

2. Phoenix liegt _____ .

3. Atlanta liegt _____ .

4. Seattle liegt _____ .

C. Motion in a certain direction.   *Choose the appropriate formula (without a definite article) to show what direction something is moving in:*

nach Norden, nach Süden, nach Osten, nach Westen

1. Im Herbst fliegen die Gänse _____ .

2. Im Frühjahr fliegen sie wieder _____ .

3. Der Amazonas fließt _____ und mündet in den Atlantik.

4. Der Nil fließt _____ und mündet ins Mittelmeer.

5. Im 19. Jahrhundert zogen viele amerikanische Familien _____ .

2. *Feminine: all cardinal numbers.*

When cardinal numbers are used *by themselves as substitutes for nouns*, they are always feminine, no matter what the gender of the noun is:

> A: Welcher Bus fährt zum Hauptbahnhof?
> B: Am besten nehmen Sie **die 13**.

Der Bus is masculine, but when you refer to a bus by its number, you say **die 13**, **die 4**, and so on. When used as nouns, numbers are pronounced in the usual way: **die Eins**, **die Vier**, **die Dreizehn**, etc.

Mini-Dialogues. Complete the following short exchanges:

1. A: Bitte, können Sie mir sagen, wie ich zum Reichsmuseum komme?

    B: Am besten nehmen Sie die Straßenbahn; _____ hält da vorne.
    (17)

2. A: Welche Busse fahren zur Universität?

    B: Mehrere. Sie können mit _____ fahren, oder Sie können auch _____
    (27)   (19)

    oder _____ nehmen.
    (9)

3. A: Fährt _____ nach Gonsenheim?
    (7)

    B: Nein, Sie müssen am Hauptbahnhof in _____ umsteigen.
    (22)

4. A: Gibt's eine Straßenbahn, die direkt zum Tiergarten fährt?

    B: Zwei sogar: _____ und _____ fahren beide dorthin.
    (1)   (37)

5. A: Schon Mitternacht! Fährt der Bus noch, oder muss ich laufen?

    B: _____ fährt nicht mehr, aber _____ fährt bis zwei Uhr früh.
    (41)   (15)

3. Neuter, masculine and feminine: grammatical terms.

Most basic grammatical terms are either neuter or masculine—but there are enough feminine terms to keep you on your toes.

A. Fill-ins: neuter terms.

The following common terms are all neuter:

das Substantiv (Nomen)	das Verb
das Pronomen	das Modalverb
das Adjektiv	das Subjekt
das Adverb	das Objekt

Fill in the blanks with the appropriate terms.

> EXAMPLE: Ich warte schon seit einer Stunde **hier**.
> Das ____**Adverb**____ „hier" steht am Ende des Satzes.

1. **Dieser Bus** fährt alle zwanzig Minuten. **Er** hält direkt vor dem Haus.

   Im ersten Satz ist das Subjekt ein _____; im zweiten Satz ist es ein _____.

2. Nachmittags **arbeite** ich meistens in der Bibliothek.

   Hier steht das _____ an zweiter Stelle.

3. Sie ist eine **höchstintelligente** Frau.

   Das _____ „höchstintelligent" hat hier eine weibliche Endung.

4. **Kann** ich Ihnen helfen?

   In dieser Frage steht das _____ **kann** an erster Stelle.

5. Siehst **du es**?

   Hier funktioniert das Pronomen „du" als _____ des Satzes. „**Es**" ist ein _____ im Akkusativ.

B. Fill-ins: masculine terms.

The following common terms are all masculine:

der Hauptsatz	der Konjunktiv
der Relativsatz	der Nominativ
der Infinitiv	der Akkusativ
der Artikel	der Dativ
der Indikativ	der Genitiv
der Imperativ	

Fill in the blanks with the appropriate terms.

1. Wann gibst du mir das Geld zurück, das ich dir geliehen habe?

   Es gibt Haupt- und Relativsätze. „**Wann gibst du mir das Geld zurück**" ist ein _____ und „**das ich dir geliehen habe**" ist ein _____ .

2. Kann ich dir irgendwie **helfen**?

   Der _____ „helfen" steht hier ganz am Ende des Satzes.

3. Ich meine **den** Mann da drüben. Ich meine **den** da drüben.

   Im ersten Satz ist das Wort „**den**" ein _____ ; im zweiten Satz ist „**den**" ein Pronomen.

4. **Hätten** Sie fünf Minuten für mich?

   Das Verb „**hätten**" ist nicht im Indikativ, sondern im _____ .

5. Es ist ein toller Film! **Du** musst **ihn** unbedingt sehen.

   „**Du**" ist im _____ , weil es das Subjekt ist; „**ihn**" ist ein Objekt und ist im _____ .

6. **Hör auf!**

   Befehle dieser Art sind normalerweise im _____ .

C. Fill-ins: feminine terms.

It is easy to recognize feminine terms; you've known that **Frage** is *die* **Frage** almost from day one. The endings **-ung** and **-tion** will tell you that other terms are feminine:

die Präposition, –en	die Endung, –en
die Konjunktion, –en	die Frage, –n

Fill in the blanks with the appropriate terms.

1. Das ist eine **interessante** Frage. Diese Frage ist **interessant**.

   Wenn ein Adjektiv direkt *vor* einem Substantiv steht, hat es eine _____ .

   Wenn es *nach* dem Substantiv steht, hat es keine.

2. Er fragte mich, **wo ich wohne**.

   „**Wo ich wohne**" ist hier eine sogenannte indirekte _____ .

3. Deine Lesebrille liegt **auf** dem Tisch **in** der Küche.

   „**Auf**" und „**in**" sind _____ .

4. Ich mach's für dich, **wenn** ich kann.

   „**Wenn**" ist eine _____ .

II. FORMATION OF NOUN PLURALS

1. Neuter nouns ending in -um.

A number of German words show clearly that they are derived from Greek or Latin. **Das Kriterium** is an interesting example. Where the English word *criterion* (pl. *criteria*) has kept its original Greek ending, German has given **Kriterium** a Latin ending. No matter what their origin, German nouns ending in **-um** form their plurals by changing the **-um** to **-en**:

> das Kriterium, die Kriterien
> das Individuum, die Individuen

Fill in the blanks with the plural forms of the nouns in parentheses.

1. Viele _____ wurden nach dem Krieg modernisiert. (Stadtzentrum)

2. Inge hat drei verschiedene _____ besucht. (Gymnasium)

3. Ich kann Ihnen eine Reihe von möglichen _____ anbieten. (Datum)

4. Über 70 Prozent unserer Studenten haben _____ . (Stipendium)

5. In fast allen _____ kann man Poster und Dias kaufen. (Museum)

6. Zwei _____ befassen sich mit demselben Problem. (Ministerium)

7. Diese _____ sind besonders gefährlich. (Bakterium)

2. Masculine nouns ending in -us.

Masculine nouns ending in **-us** also form their plurals with **-en**:

> der Typus, die Typen

Fill in the blanks with the plural forms of the words in parentheses.

1. Wissenschaftler haben eine Reihe von neuen _____ gefunden. (Virus)

2. _____ dieser Art kommen nur in Salzwasser vor. (Organismus)

3. Lateinamerikanische Tänze haben faszinierende _____ . (Rhythmus)

4. _____ sind neugeprägte Wörter. (Neologismus)

5. Goethe hat mehrere _____ geschrieben. (Gedichtszyklus)

III. WEAK NOUNS

Mini-Dialogues. All of the following short exchanges contain weak nouns. Fill in the blanks with the appropriate endings.

1. A: Er ist einfach unmöglich geworden.

   B: Tja, Junge_n_ in der Pubertät können manchmal schwierig sein.

2. A: Welches Modell würden Sie denn empfehlen?

   B: D_en_ meist_ens_ Kunde_n_ nehmen den Jetta.

3. A: Kann ich Dr. Wängler kurz sprechen?

   B: Er untersucht gerade ein_en_ Patient_en_ . Können Sie am Apparat bleiben?

4. A: Ich habe ein Paket für Herr_n_ Knewitz.

   B: Tut mir leid, aber wir haben keinen Gast dies_em_ Name_ns_ (*gen.*).

5. A: Heidi wird diesen Husten einfach nicht los.

   B: Dann soll sie zu ein_em_ Spezialist_en_ gehen.

6. A: Rolf hat das Studium aufgegeben.

   B: Das kann ich beim best_en_ Wille_n_ nicht verstehen.

7. A: Kann man das beweisen?

   B: Nein, es ist vielmehr eine Frage d_es_ Glaube_n_ .

8. A: Sind die Ergebnisse dieser Umfrage zuverlässig?

   B: Über 10.000 Konsument_en_ sind gefragt worden.

IV. ADJECTIVAL NOUNS

Fill-ins.   *Turn the suggested adjectives into adjectival nouns, making sure to add the required endings.*

1. Bei starkem Nebel ist es auf der A4 zu einer Massenkarambolage gekommen. Es gibt drei

   _____ und mehrere _____ . Die _____ waren alle Passagiere
        (tot)   (verletzt)   (tot)

   in einem Kombiwagen, der von einem Lastzug zerquetscht wurde. Von den _____
                                                                              (verletzt)

   wurden zwei Personen per Hubschrauber in die Universitätsklinik geliefert.

2. Am Sonntag gibt es ein Sonderkonzert der Berliner Philharmoniker in der Stadthalle. Karten

   für _____ kosten nur zwölf Mark. Für _____ unter 16 Jahren und
            (erwachsen)   (jugendlich)

   Senioren ist der Eintritt gratis.

3. Das neue Gremium besteht aus drei _____ der CDU, drei _____ der
                                            (abgeordnet)   (abgeordnet)

   SPD und jeweils einem _____ der FDP und der Grünen. Der _____
                              (abgeordnet)   (vorsitzend)

   wird nächstens vom Bundeskanzler ernannt.

4. Ein entfernter _____ von mir hat gestern angerufen. Er ist ein leitender _____
                      (verwandt)   (angestellt)

   bei der Deutschen Bank und kommt zu einem Computerkongress nach Berlin. _____
                                                                                 (angestellte)

   aus dem Privatbereich und höhere _____ der Bundesregierung werden gemeinsame
                                          (beamt-)

   Probleme besprechen. Er hat mich und meinen _____ für Sonntagabend ins
                                                      (verlobt)

   Restaurant eingeladen. Ich freue mich riesig darauf, denn wir haben uns ewig nicht mehr

   gesehen. Außerdem bin ich pleite.

5. Das _____, das _____ und das _____ sind philosophische
           (wahr)   (schöne)   (gut)

   Kategorien, mit denen sich _____ seit Jahrtausenden befassen.
                                   (gelehrt)

6. Das _____ erledigen wir sofort; das _____ dauert etwas länger.
       (schwer)   (unmöglich)

7. Tja, was wollte ich dir sagen? Es kann nichts _____ gewesen sein. O ja, jetzt weiß
                                            (wichtig)

ich! Hast du das _____ gehört? Erhardt und Luise lassen sich scheiden. Sie haben
                     (neuest-)

alles _____ versucht, Eheberatung und so, aber es ging einfach nicht. Schade!
        (möglich)

V. *EIN*-WORDS AS PRONOUNS

Don't forget the difference between **ein**-words used in noun phrases and **ein**-words used as pronouns: in the three instances where **ein**-words *don't* take endings in noun phrases, they *do* take endings when used as pronouns:

MASC. NOM. SING.	Mein Wagen steht vor dem Haus.	but	Mein**er** steht vor dem Haus.
NEUT. NOM. SING.	Mein Auto steht vor dem Haus.	but	Mein**s*** steht vor dem Haus.
NEUT. ACC. SING.	Willst du mein Auto borgen?	but	Willst du mein**s*** borgen?

Fill-ins.   *Fill in the blanks with the* **ein**-*words suggested by the noun phrase in the first sentence.*

1. Darf ich deinen Kuli borgen? Ich habe _____ vergessen.
2. Ihre Fotos sind gut geworden. _____ sind alle überbelichtet.
3. Ich habe Franz meinen Parka geliehen. _____ ist noch bei der Reinigung.
4. Mein Steak ist zäh und zu durchgebraten. _____ sieht viel besser aus.
5. Ich bringe unsere leeren Flaschen zum Recycling. Was macht ihr mit _____?
6. Die Suppe ist alle. Es ist _____ mehr da.
7. Was? Dein Auto ist immer noch nicht repariert? Nimm doch _____!
8. Wir haben unseren Eltern einen neuen Fernseher gekauft. _____ war kaputt.

---

*In spoken German, **meines**, **deines** and **seines** usually become **meins**, **deins** and **seins**.

VI. *DA(R)*-COMPOUNDS

1. Replacing nouns with personal pronouns or da(r)-*compounds.*

If the object of a preposition is a noun or noun phrase that refers to a *person*, it can be replaced by a personal pronoun. A noun phrase can be as simple as a proper name (Robert), or as complicated as a noun and all of its modifiers:

NOUN OBJECT	Ich schreibe oft an **Robert**.
PRONOUN OBJECT	Ich schreibe oft an **ihn**.
NOUN OBJECT	Ich schreibe oft an **meine alten Freunde in Hamburg**.
PRONOUN OBJECT	Ich schreibe oft an **sie**.

If the object of a preposition is a noun or noun phrase that refers to a *thing or an idea*, the entire prepositional phrase can be replaced by a **da(r)**-compound:

NOUN OBJECT	Ich warte immer noch auf **den Brief, den du mir versprochen hast**.
DA-COMPOUND	Ich warte immer noch **darauf**.

*Replacement exercises: replace the prepositional phrases in boldface with either **da(r)**-compounds or with prepositional phrases consisting of a preposition + pronoun object. Remember: a pronoun object must be in the same case as the noun object it is replacing.*

a. 1. Seit Jahren leide ich **an Schlaflosigkeit**.

   _____ .

2. Ich bin sehr stolz **auf meine Kinder**.

   _____ .

3. Was trinkt man **zu Fisch**?

   _____ ?

4. Er hat **um unsere Hilfe** gebeten.

   _____ .

5. Was mache ich **mit der Vase, die auf dem Esstisch steht**?

   _____ ?

6. Er hat sich entschuldigt **bei den Freunden, die er gestern unabsichtlich beleidigt hat**.

   _____ .

7. Er hat sich **für seine Taktlosigkeit** entschuldigt.

   _____ .

8. Wir haben uns riesig **über euren Besuch** gefreut.

   _____ .

9. Man hat mich **vor diesem Mann** gewarnt.

_____.

10. Wir sind **mit dem Ergebnis unserer neuesten Gespräche** durchaus zufrieden.

_____.

b. 1. Wir freuen uns sehr **auf das Ende des Semesters.**

_____.

2. Wir denken oft **an unsere Verwandten in Deutschland.**

_____.

3. Sie haben sich **für unsere Hilfe** bedankt.

_____.

4. Diese Bluse passt toll **zu deinem blauen Rock.**

_____.

5. Freitagabend gehe ich **mit Freunden** ins Theater.

_____.

2. *Da(r)-compounds as anticipatory words.*

Da(r)-compounds are also used to show that an entire clause is about to be used as the object of a preposition. Use the words in parentheses to make anticipatory constructions. Use the present tense unless otherwise indicated.

EXAMPLE: Du (schuld sein an), dass wir den Zug verpasst haben.
Du **bist schuld daran**, dass wir den Zug verpasst haben.

1. Wir (sich freuen auf), dass du über Weihnachten nach Hause kommst.

_____.

2. Es (abhängen von), ob wir Zeit haben.

_____.

3. Er (sich entschuldigen für), dass er so spät gekommen ist. (*present perfect*)

_____.

4. Sie (sich ärgern über), dass niemand ihr zuhört.

_____.

5. Ich (sorgen für), dass jemand dich abholt. (*present perfect*)

_____.

VII. *WER* AND *WO(R)*-COMPOUNDS

When questions introduced by **wer** and by **wo(r)**-compounds are embedded in compound sentences, they are called indirect questions. Indirect questions are subordinate clauses, which means they have subordinate (verb last) word order.

Incorporate the following simple questions into the suggested compound sentences.

1. Bei wem soll ich mich bedanken?

   Ich weiß nicht, _____ .

2. Wozu braucht man das?

   Können Sie mir sagen, _____ ?

3. Vor wem aber hat Virginia Woolf selber Angst gehabt?

   Ich möchte gern wissen, _____ .

4. Worüber ärgerst du dich denn so?

   Sag mir endlich einmal, _____ !

5. Vor wem wolltest du mich warnen?

   Ich habe wieder vergessen, _____ .

6. Nach wessen Adresse hat er gefragt?

   Kannst du mir sagen, _____ ?

7. Für wen hast du bei der letzten Präsidentschaftswahl gestimmt?

   Schämst du dich mir zu sagen, _____ ?

8. Woran soll ich sie erkennen?

   Ich muss sie am Flughafen abholen, aber ich weiß nicht, _____ .

Vocabulary for Chapter Fifteen

der **Abgeordnete** (adj. noun)   member (of parliament)

ab•hängen (von)* to depend (on) hing . . . ab, abgehangen

das **Adjektiv, –e**   adjective

das **Adverb, –ien**   adverb

der **Akkusativ**   accusative

der **Amazonas**   the Amazon (River)

an•bieten* to offer bot . . . an, angeboten

die **Angelegenheit, –en**   matter, affair

der **Angestellte** (adj. noun)   employee

der leitende Angestellte managerial level employee

der **Apparat, –e**   apparatus; phone

am Apparat   on the phone

sich **ärgern**   to be annoyed

der **Artikel, –**   article

der **Auftrag, ⁀e**   instructions

in wessen Auftrag   on whose instructions

außerdem   besides

das **Bakterium** (pl. **Bakterien**)   bacterium

der **Beamte** (adj. noun)   civil servant

sich **bedanken**   to say thanks

sich bei jemand(em) bedanken to thank someone

sich **befassen mit**   to study, deal with

der **Befehl, –e**   command

der **Beistand**   support

beleidigen to insult
besprechen* to discuss
   (bespricht), besprach, besprochen
der **Bundeskanzler, –** (federal) chancellor
die **Bundesregierung** federal government
die **CDU** Christian Democrats
der **Dativ** dative
das **Datum** (pl. **Daten**) date
das **Dia, –s** slide, transparency
durchgebraten cooked through
die **Eheberatung** marriage counseling
der **Eintritt** admission
die **Endung, –en** ending
entfernt distant
sich **entschuldigen** to apologize
das **Ergebnis, –se** result
erledigen to take care of, deal with
ernennen* to name, appoint
   ernannte, ernannt
erwachsen adult, grown up
faszinierend fascinating
die **FDP** Free Democrats
die **Frage, –n** question
sich **freuen auf** to look forward to
das **Frühjahr** spring
die **Gans, ̈e** goose
der **Gedichtzyklus** (pl. **Gedichtzyklen**) cycle
   of poems
der **Gelehrte** (adj. noun) scholar
gemeinsam common, mutual
der **Genitiv** genitive
das **Gespräch, –e** conversation
der **Glaube, –ens, –n** faith
das **Gremium** (pl. **Gremien**) committee
die **Grünen** The Greens
das **Gymnasium** (pl. **Gymnasien**) gymnasium
   (secondary school)
der **Hauptsatz, ̈e** main clause
der **Hubschrauber, –** helicopter
der **Husten, –** cough
der **Imperativ** imperative
der **Indikativ** indicative
das **Individuum** (pl. **Individuen**) individual
der **Infinitiv, –e** infinitive
jeweils eins one each
jugendlich young
die **Kategorie, –n** category
der **Kombiwagen, –** station wagon
die **Konjunktion, –en** conjunction
der **Konjunktiv** subjunctive
der **Konsument, –en, –en** consumer
das **Kriterium** (pl. **Kriterien**) criterion
   (pl. criteria)

der **Kuli, –s** ballpoint
der **Kunde, –n, –n** customer
der **Lastzug, ̈e** tractor-trailer,
   eighteen-wheeler
leer empty
die **Lesebrille, –n** reading glasses
die **Massenkarambolage, –n** mass crash,
   multiple pile-up
mehrere several
das **Ministerium** (pl. **Ministerien**) ministry
das **Mittelmeer** the Mediterranean (Sea)
die **Mitternacht** midnight
das **Modalverb, –en** modal
das **Modell, –e** model
münden in (+ *acc.*) to flow into
das **Museum** (pl. **Museen**) museum
nächstens in the near future
der **Nebel** fog
der **Neologismus** (pl. **Neologismen**)
   neologism
neugeprägt newly coined
der **Nil** the Nile
der **Nominativ** nominative
das **Objekt, –e** object
der **Organismus** (pl. **Organismen**) organism
der **Passagier, –e** passenger
passen zu to go with
der **Patient, –en, –en** patient
pleite broke
das **Poster, –** poster
die **Präposition, –en** preposition
der **Privatbereich** private sector
das **Pronomen, –** pronoun
die **Pubertät** puberty
das **Recycling** recycling
regeln to settle, take care of
der **Relativsatz, ̈e** relative clause
der **Rhythmus** (pl. **Rhythmen**) rhythm
riesig enormous
der **Satz, ̈e** sentence
Schade! Too bad!
sich **scheiden*** to get divorced
   schied, geschieden
die **Schlaflosigkeit** sleeplessness
der **Senior, –en** senior, older person
sogenannt so-called
das **Sonderkonzert, –e** special concert
sorgen für to make sure
der **Spezialist, –en, –en** specialist
die **Stadthalle, –n** municipal auditorium
das **Stadtzentrum** (pl. **Stadtzentren**)
   downtown (area)
die **Stelle, –n** place, position

        an erster Stelle   in first position

        stimmen   to vote

das   **Stipendium** (pl. **Stipendien**)   scholarship (financial aid)

das   **Subjekt, –e**   subject

das   **Substantiv, –e**   noun

die   **Taktlosigkeit, –en**   tactlessness

der   **Tanz, ⁼e**   dance

der   **Tiergarten, –**   zoo

der   **Typus** (pl. **Typen**)   type

        überbelichtet   overexposed

        unabsichtlich   unintentional

die   **Universitätsklinik, –en**   university hospital

        unmittelbar   directly, immediately

        untersuchen   to examine

die   **Vase, –n**   vase

das   **Verb, –en**   verb

der   **Verlobte** (adj. noun)   fiancé

der   **Verwandte** (adj. noun)   relative

        vorkommen*   to occur

        kam . . . vor, ist . . . vorgekommen

        vorne   in front

        da vorne   right over there

der   **Vorsitzende** (adj. noun)   chairman

        warnen vor (+ *dat.*)   to warn about

        weiblich   feminine

der   **Wille, –n, –n**   will

        beim besten Willen   try as (I) may

        Wladiwostok   Vladivostok (Russia)

        zäh   tough

        zerquetschen   to crush

        ziehen*   to move

        zog, ist gezogen

        zu•hören   to listen (to)

        zuverlässig   reliable

Special Topics: Verbs
16

I. CONTRACTED FORMS OF *HIN* AND *HER*

1. 'Rein *and* 'raus

In formal speech one uses the full prefix:

> Sie können jetzt **hinein**gehen.
> Können Sie einen Moment **heraus**kommen?

In casual speech both **hin** and **her** are replaced by **'r** when they are attached to a verb prefix: **hinein** becomes **'rein** and **heraus** becomes **'raus**:

> Du kannst jetzt **'reingehen.**
> Kannst du einen Moment **'rauskommen**?

2. 'Rein! *and* 'Raus!

Used by themselves **herein ('rein) and hinaus ('raus)** are complete, abrupt commands.

> **Herein!** (**'Rein!**)   (Come in!)
> **Hinaus!** (**'Raus!**)   (Get out!)

3. Other contractions

There are similar colloquial short forms of other **hin** and **her** combinations:

> 'rauf   = herauf *and* hinauf
> 'runter = herunter *and* hinunter
> 'rüber = herüber *and* hinüber

A. Everyday situations.   *Fill in the blanks with* **'rein, 'raus** *or other appropriate contractions.*

1. Sie stehen vor dem Büro von Ihrem Professor.

   Er sieht Sie da stehen und sagt: „Aber kommen Sie doch _____!"

2. Sie arbeiten im Garten und brauchen Gabrielas Hilfe, aber sie ist im Haus.

   Sie rufen: „Kannst du einen Augenblick _____ kommen?"

3. Sie haben das Fenster nicht zugemacht und ein Gewitter ist aufgekommen. Am nächsten Morgen sehen Sie das Resultat.

   Sie rufen: „Verdammtnochmal! Es hat _____ geregnet!"

4. Sie sind in Ihrem Büro und Ihr Geschäftsfreund ruft Sie vom Erdgeschoss an.

   Sie heben ab und sagen: „Ich habe die Dokumente hier für Ihre Unterschrift. Kommen Sie gleich
   _____!"

5. Sie wollen die Tür aufmachen, aber Sie haben ein Problem.

   Sie sagen Ihrer Freundin: „Ich kriege den Schlüssel nicht _____."

6. Ihre Freunde sitzen in Ihrem Zimmer und plaudern. Sie müssen aber arbeiten.

   Sie sagen: „Genug jetzt, _____ mit euch!"

B. More open situations.   *Make up complete sentences appropriate to the situations. Use* **'rein, 'raus** *or other contractions.*

1. Sie sind in Ihrem Zimmer und jemand klopft an die Tür.

   Sie sagen: „_____."

2. Die Koffer sind gepackt und der Wagen steht vor der Tür.

   Sie sagen Ihrem Sohn: „_____."

3. Sie plaudern mit Freunden und sehen Ihre Schwester auf der anderen Seite der Straße.

   Sie rufen ihr zu: „_____."

4. Sie sind beim Arzt und Sie sind jetzt dran.

   Seine Sekretärin sagt: „_____."

5. Sie sitzen mit Freunden auf dem Balkon und sehen Richard unten auf der Straße.

   Sie rufen ihm zu: „_____."

6. Sie warten oben in Ihrem Hotelzimmer. Das Telefon klingelt.

   Sie heben ab und sagen Ihrem Freund: „Bleib da, Klaus, _____."

II. STELLEN / STEHEN, SETZEN / SITZEN, LEGEN / LIEGEN, HÄNGEN / HÄNGEN

Fill-ins.   *Supply the appropriate verb form.*

The situations in the following sentences dictate which of the eight verbs must be used.

EXAMPLE: Wir haben das Bild über den Kamin _____.
Wir haben das Bild über den Kamin **gehängt**.

1. Deine Brille _____ auf dem Esstisch.

2. Ich _____ die Lampe neben den Sessel.

3. Wir haben zwei Stunden hier am Tisch _____.

4. Ich habe meinen Mantel auf einen Kleiderbügel _____.

5. Wo hast du den Schlüssel hin _____?

6. Die Milch? Sie _____ im Kühlschrank.

7. Deine Serviette ist vom Tisch gefallen. Sie _____ auf dem Fußboden.

8. Könntest du den Tisch decken? _____ die Weingläser neben die

   Wassergläser und _____ eine Serviette neben jeden Platz.

9. Hast du das Schild „Bitte nicht stören!" an die Tür _____?

10. Du siehst todmüde aus. Willst du dich nicht hin _____? (two

   possibilities)

III. PRESENT PARTICIPLES, PAST PARTICIPLES AND EXTENDED MODIFIERS

A. Present Participles: Mini-Dialogues. *Use the following sentences and cues to form the suggested short dialogues. Use the present tense unless otherwise indicated.*

1. A: Warum sind die Zinsen so niedrig?

   B: Das / kommen / von / sinkend- / Inflationsrate

   _____

2. A: Ach, du warst auf dem Land in der Ukraine?

   B: Ja // es / geben / nicht einmal / Zimmer / mit / fließend- / Wasser   (past tense)

   _____

3. A: Das soziale Sicherheitsnetz ist einfach zu teuer geworden.

   B: Ja // das / sein / ein / brennend- / Problem / heutzutage

   _____

4. A: Was / halten / du / von / steigend- / Börse / ?

   _____

   B: Es / können / sein / ein / werdend- / Katastrophe   (**werdend**: "in the making")

   _____

5. A: Das Licht ist plötzlich so schön geworden!

   B: Das / kommen / von / untergehend- / Sonne

   _____

B. Present participles: open situations. *Use the following present participles to make sentences of your own.*

1. folgend

   _____

2. schreiend

   _____

3. wachsend

   _____

4. deprimierend

   _____

5. drohend

   _____

C. *Past participles as adjectives.*

Like present participles, past participles often function as *adjectives* and take the usual adjective endings:

ein ausgebildet**er** Arzt   a trained doctor
ein renoviert**es** Haus   a renovated house

The *forms* of the past participles are exactly the same as the ones you learned in the chapter on verbs. Here, however, they are *functioning* grammatically as adjectives.

VERB: Er hat das Haus **renoviert**.
ADJECTIVE: ein **renoviertes** Haus

Supply the correct adjective endings.

1. Wem gehört d_____ zurückgelassen_____ Mappe hier?

2. Ich glaube, das war ein gelungen_____ Experiment.

3. Normalerweise verkaufen Studenten ihr_____ gebraucht_____ Bücher.

4. Ich gehe nur zu ein_____ ausgebildet_____ Facharzt.

5. Das war ein_____ gut überlegt_____ Antwort.

6. D_____ gesucht_____ Täter war nicht zu finden.

7. Nach d_____ verloren_____ Spiel war die ganze Mannschaft deprimiert.

8. Mein Lieber! Das ist gut verdient_____ Geld!

9. Er ist ein geboren_____ Verlierer!

10. Das war ein gefunden_____ Fressen!   (lit.: "a found meal," a godsend)

D. *Extended Modifiers.*

Extended modifiers are a way to condense information that might otherwise appear in a relative clause.

1. Formation.

a. Take an adjective-noun phrase. (The adjective is most commonly a present or past participle, but other adjectives are also possible.)

PRESENT PARTICIPLE	eine **wachsende** Firma (a *growing* firm)
PAST PARTICIPLE	ein **ausgebildeter** Facharzt (a *trained* specialist)
OTHER ADJECTIVE	die **beste** Lösung (the *best* solution)

b. Put additional elements just before the adjective:

eine **in den letzten Jahren sehr schnell** wachsende Firma
(a firm, which has grown very fast in recent years)

ein **an einer der führenden Universitäten sehr gut** ausgebildeter Facharzt
(a specialist, who was very well trained at one of the leading universities)

die **für die jetzige Zeit** beste Lösung
(the best solution for the time being)

These additional elements are most commonly adverbial expressions of time, manner or place and can consist cf one word or of a preposition phrase.

2. English equivalents

In English, such additional information is most often found in a relative clause following the noun. This is especially true when the adjective is a present or past participle:

a **firm, which** has grown very fast in recent years
eine in den letzten Jahren sehr schnell wachsende Firma

3. Usage

Extended modifiers are most commonly found in **Amtsdeutsch** (German as written by civil servants) or in textbooks, research papers or even formal magazine and newspaper articles. One also hears extended modifiers on the evening news or out of loudspeakers in a train station or airport, where it is a written form being used in a stylized spoken medium.

Transform the following relative clauses into extended-modifier constructions, using either present or past participles as called for by the contexts.

EXAMPLES: Der Eurocity-Zug 56, **der aus Prag kommt**, wird zehn Minuten Verspätung haben.
Der **aus Prag kommende** Eurocity-Zug 56 wird zehn Minuten Verspätung haben.*

Sein Wagen, **der vor drei Wochen repariert wurde**, war immer noch fast unbrauchbar.
Sein **vor drei Wochen reparierter** Wagen war immer noch fast unbrauchbar.*

1. Der Streik, **der in Frankreich immer noch andauert**, bedroht die ganze Wirtschaft.

_____

_____

2. Der Täter, **der von der Polizei gesucht wurde**, konnte nicht gefunden werden.

_____

_____

3. Die Preise, **die neulich stabil bleiben**, scheinen anzuhalten.

_____

_____

4. Die Reise, **die für Sonntag geplant wurde**, musste kurzfristig abgesagt werden.

_____

_____

---

*Note: Present participles are used when the underlying relative clause is not in the passive voice:

der Zug, der aus Prag kommt	(not passive)
der aus Prag kommende Zug	(present participle)
Goethe, der aus Frankfurt stammte	(not passive)
der aus Frankfurt stammende Goethe	(present participle)

Past participles are used when the underlying relative clause is either passive or false passive:

der Wagen, der vor drei Wochen repariert wurde	(passive voice)
der vor drei Wochen reparierte Wagen	(past participle)

5. Der Mann, **der von der Arbeit zurückkehrte**, blieb plötzlich stehen.

_____

_____

6. Diese Theorie, **die neuerdings aufgetaucht ist**, ist noch sehr umstritten.

_____

_____

7. Der Eurocity-Zug 56, **der nach Paris abfährt**, hat nur zwei Minuten Aufenthalt. Alles einsteigen!

_____

_____

8. Das Gericht, **das vom Koch aufs Wärmste empfohlen wurde**, war ausgezeichnet.

_____

_____

9. Er sprach mit einem Akzent, **der das Publikum etwas irritierte**.

_____

_____

10. Die Kellnerin, **die von den Wünschen des schwierigen Kunden völlig überfordert war**, brach in Tränen aus.

_____

_____

IV. FUTURE PERFECT

A. Mini-Dialogues. *Use the following cues to form sentences in the future perfect.*

1. A: Karla war nicht in ihrem Zimmer. Weißt du, wo sie ist?

   B: einkaufen / gegangen

   _____

2. A: Thomas hat mies ausgesehen.

   B: krank / gewesen

   _____

3. A: Sollten wir die Einladungen abschicken?

   B: Nein // Karl / das / schon / gemacht

   _____

4. A: Hat Barbara alles für die Party schon eingekauft?

   B: bis morgen / gemacht

   _____

5. A: Wie hat Horst bei der Prüfung abgeschnitten?

   B: sicher / eine Eins / bekommen

   _____

6. A: Hans hat ein blaues Auge.

   B: Ja // Schlägerei / gehabt

   _____

7. A: Bist du immer noch knapp bei Kasse?

   B: Ja, aber bis Ende der Woche / Teilzeitarbeit / gefunden

   _____

8. A: Bis zu meinem dreißigsten Geburtstag / Millionär / geworden

   _____

   B: Ja sicher, du und meine Tante Elvira.

B. Open situations.   *What does the future hold? Use the future perfect to say what you will have done by the points in time below.*

1. Bis Anfang nächsten Monats werde ich _____

_____

2. Vor dem Ende des Semesters werde ich _____

_____

3. Bis ich mein Bakkalaureat bekommen habe, werde ich _____

_____

4. Vor meinem vierzigsten Geburtstag werde ich _____

_____

V. MODALS WITH PERFECTIVE INFINITIVES

A. Mini-Dialogues.   *Use the following cues to form sentences, using modals with perfective infinitives. The choice of the modal auxiliary (**müssen, können** or **sollen**) is dictated by the context. Often more than one modal makes good sense.*

> EXAMPLE: A: Hast du deine Handschuhe?
> B: Nein // im Restaurant / gelassen
> Nein, ich muss sie im Restaurant gelassen haben.

1. A: Sagte er nicht, er würde uns um acht Uhr treffen?

   B: falsch / verstanden

   _____

2. A: Ich habe den alten Herrn Wentzlaff lange nicht mehr gesehen.

   B: voriges Jahr / gestorben

   _____

3. A: Paul schien gar keinen Hunger zu haben.

   B: spät zu Mittag / gegessen

   _____

4. A: Jemand muss mein Deutschbuch genommen haben.

   B: Ja // wer / gewesen / ?

   _____

5. A: Rolf sieht etwas wackelig aus.

   B: Stimmt // zu viel / getrunken

   _____

6. A: Wo ist Karen? Wollte sie heute Abend nicht mitkommen?

   B: Ja, aber // zu Hause / geblieben

   _____

7. A: Guck mal! Dein Wagen steht wieder vor dem Wohnheim.

   B: Karl / zurückgebracht

   _____

8. A: Weißt du, was aus Peter geworden ist?

B: Top-Manager / geworden

_____

B. More open situations. _Use the following cues for person B to create mini-dialogues. You will probably find it easiest to form B's response first, and then make up a sentence for A that logically cues that response._

EXAMPLE: A: _____
B: Pläne / geändert

A: Da ist ja Karl! Wollte er gestern nicht nach Berlin fahren?
B: Ja. Er muss seine Pläne geändert haben.

1. A: _____

B: nach Spanien / gereist

2. A: _____

B: nicht Zeit genug / gehabt

_____

3. A: _____

B: schon nach Hause / gegangen

_____

4. A: _____

B: anderswo / gesessen

_____

5. A: _____

B: zu schnell / gefahren

_____

6. A: _____

B: seine Freundin / mitgenommen

_____

VI. WORD ORDER WITH DOUBLE INFINITIVES IN SUBORDINATE CLAUSES

A. Mini-Dialogues. *Use the following cues to form complete dialogues in the tenses indicated. Note that there are a number of subordinating conjunctions involved (not just **dass**).*

1. A: Wo ist Willi?

   B: Er ist zur Bank gegangen, weil / er / müssen / einlösen / Reisescheck (*present perfect*)

   _____

2. A: Horst und Karla leben jetzt in Bamberg. Seht ihr sie immer noch?

   B: Nein, es ist lange her gewesen, seitdem / wir / können / besuchen / sie (*present perfect*)

   _____

3. A: Mensch! Hast du den Porsche da gesehen?

   B: Es wird lange sein, bevor wir können / leisten / uns / so ein Auto (*future*)

   _____

4. A: Wo war denn Klaus die ganze Zeit?

   B: Er war in seinem warmen Büro, während / ich / müssen / warten / draußen auf ihn (*present perfect*)

   _____

5. A: War die Chefin jetzt in ihrem Büro?

   B: Nein, wir wissen noch nicht, wann / wir / können / sehen / sie (*future*)

   _____

6. A: Wie lange seid ihr noch in Rothenburg geblieben?

   B: Wir sind da geblieben, bis / wir / müssen / räumen / unser Hotelzimmer (*present perfect*)

   _____

B. Mini-Dialogues in the past tense of subjunctive II.   *Use the following cues to form complete dialogues, using the past tense of subjunctive II.*

1. A: Weiß Sonja, dass es eine Prüfung nächste Woche gibt?

   B: Keine Ahnung. Sie hätte sicher gefragt, wenn / sie / wollen / wissen / es

   _____

2. A: Fred schien dich nicht ganz zu verstehen.

   B: Kannst du mir sagen, wie / ich / können / erklären / es ihm anders / ?

   _____

3. A: Die Lage war ja doch hoffnungslos.

   B: Ja, ich weiß auch nicht, was / man / können / tun / sonst

   _____

VII. ALTERNATIVES TO THE PASSIVE

Try to find as many sensible substitutes as possible for the following passive sentences. (Most of the sentences allow for more than one substitution.)

1. Die Adresse wurde nie gefunden.

_____

_____

_____

2. Wir sind von der Grenzpolizei aufgehalten worden.

_____

_____

_____

3. Barbara wurde nie wiedergesehen.

_____

_____

_____

4. Das wird später untersucht werden.

_____

_____

_____

5. Hamburger werden in fast jedem Land gegessen.

_____

_____

_____

6. Das kann nicht besonders leicht gemacht werden.

_____

_____

_____

Vocabulary for Chapter Sixteen

ab•sagen   to cancel
ab•schneiden*   to do, make out
   schnitt . . . ab, abgeschnitten
   bei einer Prüfung gut abschneiden
   to do well on a test
der **Akzent, –e**   accent
an•dauern   to last, go on
anderswo   somewhere else
an•halten*   to last, remain steady
   (hält . . . an), hielt . . . an, angehalten
der **Aufenthalt, –e**   stop
auf•heben*   to pick up, answer the
   phone
   hob . . . auf, aufgehoben
auf•kommen*   to spring up; blow up
   kam . . . auf, ist . . . aufgekommen
auf•tauchen   to emerge, appear, turn up
das **Auge, –n**   eye
   ein blaues Auge   a black eye
aus•bilden   to train
aus•brechen*   to break out
   (bricht . . . aus), brach . . . aus, ist
   ausgebrochen
   in Tränen ausbrechen   to burst into
   tears
das **Bakkalaureat**   baccalaureate, A.B.
bedrohen   to threaten
blau   blue
   ein blaues Auge   a black eye
die **Börse, –n**   stock market, stock exchange
die **Chefin, –nen**   (female) boss
deprimieren   to depress
draußen   outside
drohen   to threaten
ein•kaufen   to shop, do the shopping
die **Einladung, –en**   invitation
ein•lösen   to cash
ein•steigen*   to get in, go on board
   stieg . . . ein, ist eingestiegen
   Alles einsteigen!   All aboard!
das **Erdgeschoss**   ground floor
der **Esstisch, –e**   dining room table
der **Facharzt, ⸚e**   specialist
fließen*   to flow, run
   floss, ist geflossen
   fließendes Wasser   running water
der **Fußboden, ⸚**   floor
geboren   born
gelingen*   to succeed
   gelang, ist gelungen
gelungen   successful

das **Gericht, –e**   dish
das **Gewitter, –**   thunderstorm
gucken   to look (slang)
die **Inflationsrate, –n**   rate of inflation
irritieren   to irritate
jetzig   present, current
die **Katastrophe, –n**   catastrophe
der **Kleiderbügel, –**   clothes hanger
klingeln   to ring
klopfen   to knock
knapp   short
   knapp bei Kasse   low on funds
der **Kühlschrank, ⸚e**   refrigerator
kurzfristig   on short notice
die **Lage, –n**   situation
sich **leisten**   to afford
die **Lösung, –en**   solution
die **Mappe, –n**   briefcase
mies   lousy
die **Milch**   milk
der **Millionär, –e**   millionaire
neuerdings   recently
der **Plan, ⸚e**   plan
plaudern   to chat
das **Publikum**   audience
räumen   to vacate, leave
'rein•kriegen   to get (something) in (e.g.,
   the key in the door)
der **Reisescheck, –s**   traveler's check
renovieren   to renovate
das **Resultat, –e**   result
der **Schein, –e**   bill (banknote)
   der Fünfzigeuroschein   fifty
   euro bill
das **Schild, –er**   sign
die **Schlägerei, –en**   (fist)fight
der **Schlüssel, –**   key
der **Schreibtisch, –e**   desk
schreien*   to cry, scream
   schrie, geschrieen
schwierig   difficult
die **Serviette, –n**   napkin
der **Sessel, –**   armchair
das **Sicherheitsnetz, –e**   safety net
stabil   stable
steigen*   to climb, rise
   stieg, ist gestiegen
   die steigende Börse   rising stock
   market
der **Streik, –s**   strike
der **Suppenteller, –**   soup plate, soup bowl

der **Täter,** – culprit, perpetrator

die **Teilzeitarbeit, –en** part-time job, part-time work

die **Träne, –n** tear

überfordern overtax, demand too much of

überlegen to think about, think out, consider

umstritten disputed

unbrauchbar unuseable

untergehen* to sink, set ging . . . unter, ist untergegangen

die **Unterschrift, –en** signature

untersuchen to investigate

die **Verspätung, –en** delay, late arrival, late departure

wackelig shaky

warm warm

aufs Wärmste most warmly, most heartily

die **Wirtschaft, –en** economy

der **Wunsch, ⁻e** wish

die **Zinsen** (pl.) interest (rate)

zu•machen to close

zurück•kehren (s) to return

zurück•lassen* to leave behind, forget lässt . . . zurück, ließ . . . zurück, zurückgelassen

Vocabulary

This vocabulary includes all of the words and expressions from the lists at the end of each level. The definitions here are not comprehensive, but rather they reflect the meanings that are used in this Manual.

Nominative singular and plural forms are indicated; unusual genitive singular endings are also supplied. Principal parts, as well as the 3rd person singular present tense forms of strong and irregular verbs, are given; weak verbs appear in the infinitive form only. The following symbols are used:

    *   strong verb
    •   separable prefix
    (s) verb with auxiliary **sein**

ab•brechen* to break off
   (bricht . . . ab), brach . . . ab,
   abgebrochen
das **Abenteuer, –** adventure
ab•fahren* to leave
   (fährt . . . ab), fuhr . . . ab, ist
   abgefahren
die **Abfahrtszeit, -en** departure time
der **Abgeordnete** (adj. noun) member (of
   parliament)
abgerieben grated
ab•hängen* to depend
   hing . . . ab, abgehangen
ab•holen to pick up
ab•löschen to add (a liquid) to
ab•nehmen* to take off (weight)
   (nimmt . . . ab), nahm . . . ab,
   abgenommen
ab•rufen* (computer language) to
   retrieve, call up (a file)
   rief . . . ab, abgerufen
ab•sagen to cancel
ab•schicken to send off
der **Abschluss, ̈-e** degree

ab•schneiden* to do, make out
   schnitt . . . ab, abgeschnitten
   bei einer Prüfung gut abschneiden to
   do well on a test
der **Abstand, ̈-e** distance
   mit Abstand by far
ab•trocknen to dry off
sich **ab•trocknen** to dry (oneself) off
ab•ziehen* to remove
   zog . . . ab, abgezogen
das **Adjektiv, -e** adjective
das **Adverb, -ien** adverb
die **Ahnung, -en** idea, notion
   keine Ahnung not a clue
der **Akkusativ** accusative
der **Akzent, -e** accent
der **Amazonas** the Amazon (River)
sich **amüsieren** to have a good time, enjoy
   oneself
an•bieten* to offer
   bot . . . an, angeboten
an•dauern to last, go on
anderswo somewhere else
an•fertigen to make

das   **Angebot, -e**   offer
       angebrannt   burned (food)
die   **Angelegenheit, -en**   matter, affair
       angenehm   pleasant
       angenommen   assumed
der   **Angestellte** (adj. noun)   employee
          der leitende Angestellte
          managerial level employee
       an•halten*   to last, remain steady
          (hält . . . an), hielt . . . an, angehalten
       an•kommen*   to arrive
          kam . . . an, ist angekommen
       an•machen   to turn on
       an•nehmen*   to accept; assume
          (nimmt . . . an), nahm . . . an,
          angenommen
       anständig   decent
der   **Anwalt, ⁻e** lawyer
das   **Apfelkompott**   stewed apples
der   **Apparat, -e**   apparatus; phone
          am Apparat   on the phone
       arbeiten   to work, study
das   **Arbeitszimmer, –**   study
der   **Ärger**   anger, annoyance
       ärgern   to annoy
sich   **ärgern**   to be annoyed
der   **Artikel, –**   article
die   **Ärztin, -nen**   (female) doctor
der   **Aschenbecher, –**   ashtray
       auf•bauen   to build (up)
          wieder aufbauen   to rebuild
       auf•bleiben*   to stay up
          blieb . . . auf, ist aufgeblieben
       auf•brechen*   to get on one's way
          (bricht . . . auf), brach . . . auf,
          ist aufgebrochen
der   **Aufenthalt, –e**   stop
       auf•füllen   to fill (up)
       auf•halten*   to hold up, delay
          (hält . . . auf), hielt . . . auf, aufgehalten
       auf•heben*   to pick up, answer the
          phone
          hob . . . auf, aufgehoben
       auf•klären   to solve, explain
       auf•kommen*   to spring up, blow up
          kam . . . auf, ist aufgekommen
die   **Aufnahme, -n**   recording
       auf•passen   to watch out, pay attention,
          be careful
       auf•räumen   to clean up, straighten up
der   **Aufschnitt**   cold cuts
       auf•schreiben*   to write (something)
          down
          schrieb . . . auf, aufgeschrieben

       auf•suchen   to look (someone) up
       auf•tauchen   to emerge, appear, turn up
der   **Auftrag, ⁻e**   instructions
          in wessen Auftrag   on whose
          instructions
das   **Auge, -n**   eye
          ein blaues Auge   a black eye
       aus•bilden   to train
       aus•brechen*   to break out
          (bricht . . . aus), brach . . . aus,
          ist ausgebrochen
          in Tränen ausbrechen   to burst into
          tears
       aus•fallen*   to fail; be cancelled
          (fällt . . . aus), fiel . . . aus,
          ist ausgefallen
          Der Strom fiel aus.   There was a
          power failure.
       ausgezeichnet   excellent
       aus•halten*   to stand, bear
          (hält . . . aus), hielt . . . aus, ausgehalten
       ausländisch   foreign
       aus•schließen*   to exclude, rule out
          schloss . . . aus, ausgeschlossen
der   **Außenminister, –**   foreign minister
       außer   out of; except for
          außer sich   beside oneself
       außerdem   besides
die   **Aussicht, -en**   prospect
       aus•sprechen*   to pronounce
          (spricht . . . aus), sprach . . . aus,
          ausgesprochen
sich   **aus•sprechen***   to have a heart-to-heart
          talk
          (spricht sich aus), sprach sich aus,
          hat sich ausgesprochen
       aus•steigen*   to get off, out of (a train,
          car, etc.)
          stieg . . . aus, ist ausgestiegen
       ausverkauft   sold out
die   **Auswahl**   selection, choice
       auswendig   by heart
       aus•ziehen*   to move out
          zog . . . aus, ist ausgezogen
sich   **aus•ziehen***   to get undressed
          zog sich aus, hat sich ausgezogen
der   **Auszug, ⁻e**   excerpt
die   **Autobahn**   highway
der   **Autodieb, -e**   car thief
der   **Autoschlüssel, –**   car key

der   **Backofen, ⁻**   oven
die   **Badehose, -n**   bathing trunks

der	**Bahnhof, ⸚e**	train station
das	**Bakkalaureat**	baccalaureate, B.A.
das	**Bakterium** (pl. **Bakterien**)	bacterium
der	**Balkon, -s**	balcony
der	**Bandscheibenschaden, ⸚**	slipped disk
die	**Bar, -s**	bar
	bar	in cash
das	**Bargeld**	cash
der	**Bauernmarkt, ⸚e**	farmers' market
der	**Beamte** (adj. noun)	civil servant
sich	**bedanken**	to say thanks
	sich bei jemand(em) bedanken	to thank someone
sich	**bedienen**	to help oneself, serve oneself
	bedrohen	to threaten
sich	**befassen mit**	to study, deal with
der	**Befehl, -e**	command
die	**Beförderung, -en**	promotion
	begießen*	to baste; to water
	begoss, begossen	
	behalten*	to keep
	(behält), behielt, behalten	
	für sich behalten	to keep (something) to oneself
	behaupten	to say, assert
	behilflich	helpful
die	**Beilage, -n**	side dish
der	**Beistand**	support
der	**Beitrag, ⸚e**	contribution
	belegen	to take (e.g., a course)
	beleidigen	to insult
	benoten	to grade
der	**Bericht, -e**	report
	Bescheid sagen	to let (someone) know
der	**Besitzer, –**	owner
	besorgt	worried
	besprechen*	to discuss
	(bespricht), besprach, besprochen	
	bestäuben	to dust, sprinkle
	bestreichen*	to brush
	bestrich, bestrichen	
	bestürmen	to storm
	beweisen	to prove
	bewies, bewiesen	
die	**Beziehung, -en**	connection, relationship
die	**Bibel, -n**	Bible
der	**Bildschirm, -e**	screen
	bitten*	to ask (for something)
	bat, gebeten	
sich	**blamieren**	to make a fool of oneself
	blass	pale
	blau	blue; rare (meat); drunk
	ein blaues Auge	a black eye
	blöd	stupid

	bloß	only, merely
die	**Bluse, -n**	blouse
der	**Boden**	ground
der	**Bodensee**	Lake Constance
die	**Bombe, -n**	bomb
	borgen	to loan
der	**Borschtsch**	borscht (beet soup)
die	**Börse, -n**	stock market, stock exchange
	böse	angry, mad
der	**Botschafter, –**	ambassador
	braten*	to roast; fry
	(brät), briet, gebraten	
das	**Bratenfett**	pan drippings
der	**Bratensaft, ⸚e**	juices (in the roasting pan)
die	**Bratpfanne, –n**	roasting pan
	bräunen	to brown
	brav	well-behaved
die	**Brieftasche, –n**	wallet
die	**Brille, –n**	(pair of) glasses
das	**Brötchen, –**	roll
der	**Brustkrebs**	breast cancer
der	**Bub, –en, en**	boy (colloquial)
der	**Bube, –n, –n**	boy
der	**Bummel, –**	stroll
der	**Bundesanwalt, ⸚e**	Federal Prosecutor
die	**Bundesbank**	Federal Bank
der	**Bundeskanzler, –**	Federal Chancellor
die	**Bundesregierung**	federal government
die	**Burg, –en**	castle
das	**Burgtor, –e**	castle gate
der	**Bus, –se**	bus

die	**CDU**	Christian Democrats (Christlich-Demokratische Union)
der	**Chef, –s**	boss
die	**Chefin, –nen**	(female) boss
der	**Computerkurs, –e**	computer course
die	**CSU**	Christian Socialists (Bavaria) (Christlich-Soziale Union)

der	**Dampfkessel, –**	boiler
	dankbar	thankful
die	**Datei, –en**	(data) file
der	**Dativ**	dative
das	**Datum** (pl. **Daten**)	date
die	**Dauerbeziehung, –en**	longterm relationship
	dauern	to take (of time)
	dauernd	constantly
	davon•laufen*	to run off, run away

(läuft . . . davon), lief . . . davon,
ist davongelaufen

dazu•geben* to add
(gibt . . . dazu), gab . . . dazu,
dazugegeben

decken to set (a table)

deprimieren to depress

deprimiert depressed

die **Deutschstunde, –n** German class

das **Dia, –s** slide, transparency

diesmal this time

das **Dörrfleisch** air-dried lean meat

die **Dose, –n** can (e.g., soup can)

dran sein* to be one's turn
(ist . . . dran), war . . . dran,
ist dran gewesen

draußen outside

dringend urgently, badly

drinnen inside

drohen to threaten

der **Druck** pressure

dünsten to braise, simmer

durch•braten* to cook through
(brät . . . durch), briet . . . durch,
durchgebraten

durch•fallen* to fail, flunk
(fällt . . . durch), fiel . . . durch
ist durchgefallen

durch•führen to carry out

durchgebraten cooked through

duschen to take a shower

egoistisch self-centered

die **Eheberatung** marriage counseling

die **Eigenschaft, –en** characteristic

eigentlich actually

eilig hurried

es eilig haben to be in a hurry,
be in a rush

der **Eindruck, ¨–e** impression

ein•fahren* to break in (a new car)
(fährt . . . ein), fuhr . . . ein, eingefahren

der **Eingang, ¨–e** entrance

ein•kaufen to shop, do the shopping

die **Einladung, –en** invitation

ein•lösen to cash, cash in

einmal once

nicht einmal not even

sich **ein•leben** to settle in, get used to a place

ein•reiben* to rub, rub in
rieb . . . ein, eingerieben

ein•reichen to hand in

die **Eins** a grade of A/A+

einsam lonely

ein•schlafen* to fall asleep
(schläft . . . ein), schlief . . .
ein, ist eingeschlafen

ein•steigen* to get on, in (a train, car,
etc.)
stieg . . . ein, ist eingestiegen

Alles einsteigen! All aboard!

der **Eintritt** admission

die **Einzelheit, –en** detail

einzig single, only

einzigartig unique

empfehlen* to recommend
(empfiehlt), empfahl, empfohlen

die **Endung, –en** ending

eng tight

der **Enkel, –** grandson; grandchild

entdecken to discover

entfernt distant

die **Entfernung, –en** distance

entfetten to de-fat

enthäuten to peel

entlassen* to release, let go
(entlässt), entließ, entlassen

die **Entscheidung, –en** decision

sich **entschließen*** to make up one's mind
entschloss sich, hat sich entschlossen

sich **entschuldigen** to apologize

das **Erdbeben, –** earthquake

die **Erdbeere, –n** strawberry

die **Erdnussbutter** peanut butter

das **Ergebnis, –se** result

erhältlich available

erhöhen to raise

erkältet sein to have a cold

erkennen* to recognize
erkannte, erkannt

die **Erkältung, –en** (head)cold

die **Erklärung, –en** explanation

erledigen to take care of (a task)

erledigt exhausted

ernennen* to name, appoint
ernannte, ernannt

erneuern to change, renew

erneut once again, anew

erreichen to reach, get hold of

erschöpft exhausted

erschrecken to frighten

erwachsen adult, grown up

erziehen* to raise
erzog, erzogen

der **Esstisch, –e** dining room table

der **Euroscheck, –s** bank checks valid
in all of Europe

fabelhaft fabulous

der **Facharzt, ⸚e** specialist

die **Fachzeitschrift, –en** technical journal

die **Fähre, –n** ferry

der **Fall, ⸚e** case

fällig due

fassen to grasp, comprehend

  nicht zu fassen incredible

faszinierend fascinating

der **Faulpelz, –e** lazybones

die **FDP** Free Democrats (Freie Demokratische Partei)

fehlen to be missing

der **Fehler, –** mistake

der **Feierabend** end of the work day

feiern to celebrate, "party"

der **Feiertag, –e** holiday

feingehackt finely chopped

das **Ferienhaus, ⸚er** vacation home

fern•schauen to watch TV

fern•sehen* to watch TV (sieht . . . fern), sah . . . fern, ferngesehen

fertig•schreiben* to finish writing schrieb . . . fertig, fertig geschrieben

das **Festessen, –** banquet

feuern to fire

fit in good (physical) shape

die **Fleischbrühe, –n** meat stock, bouillon

fließen* to flow, run floss, ist geflossen

  fließendes Wasser running water

der **Flugschein, –e** airline ticket

der **Flug, ⸚e** flight

das **Foto, –s** photo, picture

die **Frage, –n** question

sich **fragen** to wonder

die **Frauenärztin, –nen** (female) gynecologist

fremd strange, foreign

  Ich bin hier fremd. I'm a stranger here.

sich **freuen auf** (+ *acc.*) to look forward to

das **Frühjahr** spring

der **Führerschein, –e** driver's license

füllen to stuff; fill

funkelnagelneu brand spanking new

furchtbar awful

der **Fußboden, ⸚** floor

die **Gabel, –n** fork

die **Gans, ⸚e** goose

die **Garage, –n** garage

die **Gästeliste, –n** guest list

die **Gaststätte, –n** restaurant

das **Gebäude, –** building

geboren born

  geboren sein to be born

gebraten roasted

gebrauchen to use

der **Gebrauchtwagenhändler, –** used car salesman

das **Geburtstagsgeschenk, –e** birthday present

der **Gedichtszyklus (pl. Gedichtszyklen)** cycle of poems

gefährlich dangerous

der **Gefallen, –** favor

gefangen nehmen* to take prisoner (nimmt . . . gefangen), nahm . . . gefangen, gefangen genommen

das **Gegenangebot, –e** counteroffer

die **Gegenofferte, –n** counteroffer

der **Gegenstand, ⸚e** object

das **Gehalt, ⸚er** salary

die **Gehaltserhöhung, –en** raise (in salary)

der **Geldautomat, –en, –en** ATM

der **Gelehrte (adj. noun)** scholar

gelingen* to succeed gelang, ist gelungen

gelungen successful

das **Gemälde, –** painting

gemeinsam common, mutual

das **Gemüse** vegetables

genießen* to enjoy genoss, genossen

der **Genitiv** genitive

das **Gepäck** luggage

das **Gerät, –e** apparatus, machine

das **Gericht, –e** dish

geschehen* to happen (geschieht), geschah, ist geschehen

der **Geschmack** taste

das **Gespräch, –e** conversation

gestaut pent-up

die **Gewalt** violence

das **Gewitter, –** thunderstorm

die **Glatze, –n** bald head

der **Glaube, –ns, –n** faith

gleich right away

glücklicherweise fortunately

die **Golfkrise, –n** Gulf crisis

greifen* to grab, reach for griff, gegriffen

das **Gremium (pl. Gremien)** committee

die **Grenze, –n** border

die **Grippe** flu

die **Grünen** The Greens

der **Gruß, ⸚e** greeting

grüßen to say hello

gucken to look, watch (slang)

die **Gulaschsuppe, –n** goulash soup

das **Gymnasium (pl. Gymnasien)**
gymnasium (secondary school)

halten* to hold
(hält), hielt, gehalten
sehr viel von sich halten to think a lot
of oneself

die **Handschrift, –en** handwriting

der **Handschuh, –e** glove

das **Handy, –s** cell(ular) phone

hängen (intransitive) to hang
hing, gehangen

hängen* (transitive) to hang

das **Happyend, –s** happy ending

hässlich ugly

der **Hauptfilm, –e** feature film, main film

das **Hauptgericht, –e** main dish

der **Hauptsatz, ¨e** main clause

die **Hausarbeit, –en** homework, seminar
paper

heben* to raise, elevate
hob, gehoben

die **Heilgymnastik** physical therapy

hektisch hectic

hell light

hellwach wide awake

das **Hemd, –en** shirt

herab•setzen to lower, reduce (prices)

sich **heraus•stellen** to turn out

der **Herbst** fall, autumn

herrlich splendid

her•stellen to produce

die **Herzbeschwerden** (pl.) heart trouble

heutzutage nowadays

hinein•fressen* to eat into
(frisst . . . hinein), fraß . . . hinein,
hineingefressen
in sich hineinfressen to bottle
up, repress

hinken (s) to limp, hobble

hintereinander in a row

hinzu•geben* to add
(gibt . . . hinzu), gab . . . hinzu,
hinzugegeben

hinzu•ziehen* to call in (for
consultation)
zog . . . hinzu, hinzugezogen

höchstens at most

höchstwahrscheinlich very probably

hocken to sit (slang)

die **Hose, –n** trousers, pants

das **Hotel, –s** hotel

der **Hubschrauber, –** helicopter

hupen to honk

der **Husten, –** cough

der **Imperativ, –e** imperative

der **Indikativ** indicative

das **Individuum (pl. Individuen)** individual

der **Infinitiv, –e** infinitive

die **Inflationsrate, –n** rate of inflation

die **Informatik** computer science

das **Innenministerium** Department of the
Interior

die **Innenseite, –n** inner side

die **Innenstadt, ¨e** inner city

der **Intercity-Zug, ¨e** Intercity train

irgendetwas anything

irgendwie somehow

irre great, terrific (slang)

irritieren to irritate

irrsinnig much too, lit: crazy

der **Italiener** Italian
beim Italiener at (in)
an Italian restaurant

die **Jacke, –en** jacket, sportcoat

die **Jeans** (pl.) (blue)jeans

jetzig present, current

jeweils eins one each

der **Job, –s** job

die **Jugendherberge, –n** youth hostel

jugendlich young

der **Junggeselle, –n, –n** bachelor

Jura law

der **Kamin, –e** fireplace

kämmen to comb
sich die Haare kämmen to comb
one's hair

kapieren to understand, get (slang)

kaputt kaput, broken

die **Karotte, –n** carrot

die **Käsemakkaroni** (pl.) macaroni and
cheese

die **Katastrophe, –n** catastrophe

die **Kategorie, –n** category

der **Katzensprung** (a) stone's throw

kaum scarcely, barely

keineswegs by no means, in no way

kennen lernen to meet, get to know

das **Kerzenlicht** candle light

die **Keule, –n** club
die **Klappe, –n** mouth, trap, yap (slang)
    die Klappe halten to keep one's mouth shut, shut up
    klären to clear up, solve (a case)
    Klasse! Great!
die **Klausur, –en** (written) examination
das **Kleid, –er** dress
der **Kleiderbügel, –** clothes hanger
    klingeln to ring
    klopfen to knock
    klug bright, clever
    knackig crisp
    knapp short
    knapp bei Kasse low on funds
die **Kneipe, –n** bar
der **Knoblauch** garlic
die **Knoblauchzehe, –n** clove of garlic
der **Knochen, –** bone
    koffeinfrei decaf
der **Kohl** cabbage
der **Kombiwagen, –** station wagon
die **Konjunktion, –en** conjunction
der **Konjunktiv** subjunctive
der **Konsument, –en, –en** consumer
    Kopfschmerzen (pl.) headache
das **Kopfweh** headache
das **Kostüm, –e** (woman's) suit
    kriegen to get (slang)
das **Kriterium** (pl. **Kriterien**) criterion (pl. criteria)
der **Kritiker, –** critic
der **Kühlschrank, ̈–e** refrigerator
der **Kuli, –s** ballpoint pen
die **Kulturstufe, –n** cultural level
der **Kümmel** caraway seed
der **Kunde, –n, –n** customer
die **Kundenbasis** customer base
    kurzfristig on short notice
das **Kuscheltier, –e** stuffed (toy) animal

der **Lachs, –e** salmon
das **Lachsfilet, –s** salmon filet
die **Lage, –n** situation
das **Land, ̈–er** country
    wieder im Lande back again, back in these parts
sich **langweilen** to be bored
    längst long before
der **Lärm** noise
der **Laserdrucker, –** laser printer
der **Lastzug, ̈–e** tractor-trailer, eighteen-wheeler

    laut (prep.) according to
    laut Freud according to Freud
    leer empty
    legen to lay, put
die **Lehrveranstaltung, –en** course
    leiden (an + *acc.*) to suffer from
    litt, gelitten
    leihen* to lend
    lieh, geliehen
sich **leisten** to afford
    leistungsfähig powerful, efficient
    lernen to learn; to study
die **Lesebrille, –n** (pair of) reading glasses
    liefern to deliver
    liegen* to lie
    lag, gelegen
    locker loose, casual, relaxed
die **Loge, –n** loge; (theater) box
das **Lorbeerblatt, ̈–er** bay leaf
    löschen to erase
    los•fahren* to leave, start out
    (fährt . . . los), fuhr . . . los, ist losgefahren
die **Lösung, –en** solution
die **Luftpost** airmail

    machbar doable
das **Magengeschwür, –e** stomach ulcer
    magenkrank sick to one's stomach
    mager lean
der **Magister** M.A.
der **Magistergrad, –e** Master's degree
die **Mahlzeit, –en** meal
der **Majoran** marjoram
der **Maler, –** painter
    manchmal frequently, sometimes
die **Mappe, –n** briefcase
das **Märchen, –** fairytale
die **Mark, –** mark (currency)
die **Marke, –n** brand, brand name
die **Massenkarambolage, –n** mass crash, multiple pile-up
die **Mathe(matik)** math(ematics)
der **Meeresspiegel** sea level
das **Mehl** flour
    mehrere several
    meistens usually
die **Menge** a lot; crowd
die **Mensa** student dining facility
die **Menschheit** humanity, mankind
das **Messer, –** knife
die **Messung, –en** measurement
    mies lousy

die **Miete, –n** rent
die **Milch** milk
der **Millionär, –e** millionaire
      mindestens at least
das **Ministerium** (pl. **Ministerien**) ministry
      misslingen* to fail, be unsuccessful
            misslang, ist misslungen
das **Mittelmeer** the Mediterranean (Sea)
die **Mitternacht** midnight
das **Modalverb, –en** modal (verb)
das **Modell, –e** model
der **Mörder, –** murderer
      münden in (+ *acc.*) to flow into
die **Münze, –n** coin
das **Museum** (pl. **Museen**) museum

die **Nachhilfestunde, –n** tutoring (session)
die **Nachricht, –en** news
      nächstens in the near future
der **Nachtisch, –e** dessert
die **Nahrungsmittelvergiftung, –en** food
            poisoning
der **Nahverkehrszug, ¨e** local train
das **Neandertal** Neanderthal (place name)
      der Neandertaler, – Neanderthal (man)
der **Nebel** fog
      nebenan next-door
der **Neinsager, –** naysayer, negative person
der **Neologismus** (pl. **Neologismen**)
            neologism, newly coined word
das **Netz, –e** network, net
      neuerdings recently
      neugeprägt newly coined
      neugotisch Neo-Gothic
      neulich recently
die **Neurose, –n** neurosis
der **Nil** the Nile
der **Nominativ** nominative
      normalerweise normally
      nötig necessary
die **Nummer, –n** size; number

der **O-Saft** OJ (orange juice)
das **Objekt, –e** object
der **Ohrring, –e** earring
der **Ölwechsel, –** oil change
die **Oper, –n** opera
die **Ordnung** order
      in Ordnung all right, very well
der **Organismus** (pl. **Organismen**) organism
die **Osterferien** (pl.) Easter vacation
      österreichisch Austrian

die **Ostseite, –n** east side
der **Ozean, –e** ocean

der **Paprika** paprika
      päpstlich papal
der **Parka, –s** parka
der **Partymuffel, –** party pooper, wet
            blanket
der **Pass, ¨e** passport
der **Passagier, –e** passenger
      passen zu to go with
der **Patient, –en, –en** patient
      pendeln to commute
      per by, via
der **Pfeffer** pepper
      physisch physical
die **Pille, –n** pill; the pill (birth control)
der **Pilz, –e** mushroom
die **Pizza, –s** pizza
der **Plan, ¨e** plan
      planmäßig predictable, according to
            plan, scheduled
die **Plastik, –en** sculpture
      Platz nehmen* to take a seat
            (nimmt . . . Platz), nahm . . . Platz,
            Platz genommen
      plaudern to chat
      pleite broke
der **Poster, –** poster
das **Praktikum** (pl. **Praktika**) internship
die **Präposition, –en** preposition
      preiswert (adj.) inexpensive
die **Prise, –n** pinch
der **Privatbereich** private sector
die **Probefahrt, –en** test drive
      probieren to try, sample
das **Projekt, –e** project
das **Pronomen, –** pronoun
der **Psychiater, –** psychiatrist
die **Pubertät** puberty
das **Publikum** audience
der **Pulli, –s** sweater
      putzen to clean, brush
            sich die Zähne putzen to brush one's
            teeth

quer durch straight through

raten* (+ *acc.* with things; + *dat.* with
      people) to advise
      (rät), riet, geraten

räumen   to vacate, leave

die **Raumfahrtbehörde**   space agency

reagieren   to react

recht   right, all right

   einem recht sein   to be all right with
someone

das **Recycling**   recycling

regeln   to settle, take care of

der **Regenschirm, –e**   umbrella

regnerisch   rainy

reiben*   to grate

   rieb, gerieben

die **Reihe, –n**   series

die **Reinigung**   (dry) cleaning; dry cleaner

'rein•kriegen   to get (something) in
(e.g., the key in the door)

der **Reisepass, ̈e**   passport

der **Reisescheck, –s**   traveler's check

reizen   to attract, titillate

der **Relativsatz, ̈e**   relative clause

renovieren   to renovate

das **Restaurant, –s**   restaurant

das **Resultat, –e**   result

der **Rhythmus** (pl. **Rhythmen**)   rhythm

riesig   enormous, gigantic

das **Rindfleisch**   beef

das **Rippchen, –**   (spare)ribs

der **Rock, ̈e**   skirt

der **Roman, –e**   novel

rösten   to fry

die **rote Rübe, –n**   beet

das **Rotkraut**   red cabbage

die **Rückreise, –n**   trip back, return trip

der **Rückspiegel, –**   rearview mirror

der **Ruf, –e**   reputation

der **Ruhestand**   retirement

rühren   to touch (emotionally)

die **S-Bahn**   city and suburban rapid transit

die **Sache, –n**   thing

der **Sakko, –s**   jacket, sport coat

das **Salz**   salt

die **Salzkartoffel, –n**   boiled potato

die **Sammlung, –en**   collection

der **Sänger, –**   singer

der **Satz, ̈e**   sentence

der **Sauerrahm**   sour cream

schäbig   shabby

Schade!   Too bad!

   schade sein   to be a shame, to be
too bad

schaffen   to do, get done

die **Schale, –n**   shell, husk, peel

schälen   to peel, shell

die **Schauspielerin, –nen**   actress

das **Scheckbuch, ̈er**   checkbook

sich **scheiden***   to get divorced

   schied, geschieden

die **Scheidung, –en**   divorce

der **Schein, –e**   bill (banknote)

   der **Fünfzigmarkschein**   fifty mark bill

schick   chic, stylish

das **Schild, –er**   sign

schimpfen   to swear, cuss

die **Schlaflosigkeit**   sleeplessness

schlagen*   to strike

   (schlägt), schlug, geschlagen

die **Schlägerei, –en**   (fist)fight

schleppen   to tow

das **Schließfach, ̈er**   locker

schlimm   bad

schlucken   to swallow

der **Schlüssel, –**   key

sich **schminken**   to put on makeup

schnarchen   to snore

schneien   to snow

das **Schnitzel, –**   cutlet (of meat), schnitzel

die **Schönheitsoperation, –en**   cosmetic
surgery

der **Schrank, ̈e**   cupboard

schrecklich   terrible

der **Schreibtisch, –e**   desk

schreien*   to cry, scream

   schrie, geschrieen

schuld an (+ *dat.*)   responsible for,
guilty of

der **Schuss, ̈e**   (gun)shot

schwänzen   to cut (classes)

der **Schwarzwald**   Black Forest

das **Schweinefleisch**   pork

die **Schwiegermutter, ̈**   mother-in-law

schwierig   difficult

die **Semesterferien** (pl.)   semester break

die **Seminararbeit, –en**   (term) paper

senden   to broadcast

der **Senior, –en**   senior, older person

die **Serviette, –n**   napkin

der **Sessel, –**   armchair, easy chair

setzen   to set, put

die **Sicherheit**   security

das **Sicherheitsnetz, –e**   safety net

sichtlich   visibly

sinken*   to sink

   sank, ist gesunken

sinnlos   senseless

sitzen bleiben*   to stay seated

   blieb . . . sitzen, ist sitzen geblieben

sitzen* to sit
saß, gesessen
Ski fahren* to ski
(fährt . . . Ski), fuhr . . . Ski, ist Ski
gefahren
Ski laufen* to ski
(läuft . . . Ski), lief . . . Ski, ist Ski
gelaufen
der **Smoking, –s** tuxedo
die **Socke, –n** sock
sogenannt so-called
der **Soldat, –en, –en** soldier
die **Sommerferien** (pl.) summer vacation
das **Sonderkonzert, –e** special concert
das **Sonnenöl** suntan lotion
sonst otherwise
sorgen für to make sure
die **Soße, –n** gravy
sozusagen so to speak
spätestens at the latest
spazieren gehen* to go for a walk
ging . . . spazieren, ist spazieren
gegangen
der **Spaziergang, ˝e** walk, stroll
die **SPD** Social Democrats (Sozial-
demokratische Partei Deutschlands)
der **Spezialist, –en, –en** specialist
das **Spiegelbild, –er** mirror image
der **Spielverderber, –** spoil-sport
die **Spur, –en** trace
die **Staaten** (pl.) the States (U.S.A.)
das **Staatsexamen** state degree (equivalent
to M.A.)
stabil stable
die **Stadthalle, –n** municipal auditorium
das **Stadtzentrum** (pl. **Stadtzentren**)
downtown (area)
stattdessen instead
der **Stau, –s** traffic jam
das **Steak, –s** steak
stehen* to stand
stand, gestanden
jemand(em) gut stehen to look good
on someone
stehlen* to steal
(stiehlt), stahl, gestohlen
steigen* to climb, rise
stieg, ist gestiegen
die steigende Börse rising stock market
die **Stelle, –n** place, position
an erster Stelle in first position
stellen to stand, to put
die **Stellung, –en** position, job
die **Stimme, –n** voice

stimmen to be right, be true; to vote
die **Stimmung, –en** mood
stinkreich filthy rich, loaded
das **Stipendium** (pl. **Stipendien**) scholarship,
financial aid
stolpern (s) to stumble
stören to bother, disturb
die **Strafe, –n** fine, penalty, punishment
die **Straßenbahn, –en** streetcar
der **Streik, –s** strike
stressig stressful
der **Strom** electricity, power
das **Stück, –e** play
die **Studentengemeinschaft, –en** student
commune, shared living quarters
das **Studentenwohnheim, –e** dorm(itory)
das **Subjekt, –e** subject
das **Substantiv, –e** noun
der **Suppenteller, –** soup plate, soup bowl
sympathisch likeable, nice

das **T-Shirt, –s** T-shirt
Die Tagesschau proper name of a
German news program
die **Taktlosigkeit, –en** tactlessness, rudeness
der **Tanz, ˝e** dance
das **Taschenbuch, ˝er** paperback
die **Tasse, –n** cup
nicht alle Tassen im Schrank haben
to be a little strange
der **Täter, –** culprit, perpetrator
die **Taxizentrale** taxi dispatcher
die **Teilzeitarbeit, –en** part-time job,
part-time work
das **Telefon, –e** telephone
die **Telefonnummer, –n** telephone number
der **Teppich, –e** carpet, rug
der **Termin, –e** appointment
der **Terminkalender, –** appointment calendar
die **Theke, –n** counter
das **Thema** (pl. **Themen**) theme
die **Theorie, –n** theory
der **Thymian** thyme
der **Tiergarten, ˝** zoo
der **Titel, –** title
das **Tonband, ˝er** (audio)tape
topfit in great shape
töten to kill
todmüde dead tired
der **Tourist, –en, –en** tourist
die **Träne, –n** tear
treffen* to meet
(trifft), traf, getroffen

das **Trinkgeld, -er** tip, gratuity
trocken dry
trotzdem nonetheless
tschechisch Czech
die **Tüte, –n** (paper or plastic) bag
der **Typ, –en** guy
der **Typus (pl. Typen)** type

die **U-Bahn** subway
überall everywhere
überbelichtet overexposed
der **Überdruck, –̈e** excessive pressure
überfordern overtax, demand too much of
überhaupt at all
sich **überlegen** to think about, give some thought to
überlegen to think about, think out, consider
übernachten to spend the night
die **Überraschung, –en** surprise
die **Übersetzung, –en** translation
um•bringen* to kill
brachte . . . um, umgebracht
das **Umsichgreifen** spread
um•steigen* to transfer, change (busses, trains, etc.)
stieg . . . um, ist umgestiegen
umstritten disputed
um•ziehen* to move (to a new house or apartment)
zog . . . um, ist umgezogen
sich **um•ziehen*** to change (one's clothes)
zog sich um, hat sich umgezogen
unabsichtlich unintentional(ly), accidental(ly)
unbedingt absolutely, really
unbrauchbar unuseable
der **Unfall, –̈e** accident
ungarisch Hungarian
die **Universitätsklinik, –en** university hospital
unmittelbar directly, immediately
unregelmäßig irregular
der **Unsinn** nonsense
unterbrechen* to interrupt
(unterbricht), unterbrach, unterbrochen
untergebracht looked after, housed
unter•gehen* to sink, set
ging . . . unter, ist untergegangen
die **Untergrundzeitung, –en** underground newspaper
die **Unterstützung** support

untersuchen to investigate, examine, look into
die **Untersuchung, –en** study, examination, investigation
unterwegs sein to be up and about, be on the move
unwiderstehlich irresistible
der **Urlaub, –e** vacation
in Urlaub on vacation

die **Vase, –n** vase
der **Vegetarier, –** vegetarian
verabredet sein to have a date, have an appointment with
die **Verabredung, –en** date, appointment
das **Verb, –en** verb
verbieten* to forbid
verbat, verboten
verbinden* to connect
verband, verbunden
die **Verbindung, –en** connection
der **Verbrecher, –** criminal
verbringen* to spend (time)
verbrachte, verbracht
Verdammtnochmal! Dammit!
verdienen to earn
sich **verfahren*** to lose one's way (while driving), to be lost
(verfährt sich), verfuhr sich, hat sich verfahren
der **Verfall** decay, decline
verhaften to arrest
die **Verhandlung, –en** negotiation
der **Verkäufer, –** salesman
die **Verkehrsampel, –n** traffic light
verlässlich dependable
sich **verlaufen*** to lose one's way (while walking), to be lost
(verläuft sich), verlief sich, hat sich verlaufen
verletzen to injure
sich **verlieben** to fall in love
verliebt in love
die **Verliebtheit** infatuation, being in love
der **Verlobte** (adj. noun) fiancé
vernünftig reasonable, sensible
veröffentlichen to publish
verpassen to miss (an appointment, a train, etc.)
verrückt crazy
verrühren to stir together, mix
verschwinden* to disappear
verschwand, ist verschwunden

versetzen to transfer

die **Versicherung, –en** insurance company

sich **verspäten** to be late

die **Verspätung, –en** delay, late arrival, late departure

sich **verstehen*** to get along (with someone) verstand sich, hat sich verstanden

der **Versuch, –e** attempt, experiment

vertieft immersed

der **Vertrag, –̈e** contract

vertrauen to trust

verursachen to cause

der **Verwandte** (adj. noun) relative

verwechseln to confuse

verwenden to use

der **Vierertisch, –e** table for four

das **Viertelfinale** quarterfinal

das **Vollkornbrot** whole-wheat bread

im **voraus** in advance

vorbei•kommen* to come by, drop by kam . . . vorbei, ist vorbeigekommen

die **Vorbereitung, –en** preparation

vor•kommen* to occur kam . . . vor, ist vorgekommen

die **Vorlesung, –en** lecture, lecture course

vorne in front

da **vorne** right up there

der **Vorschlag, –̈e** suggestion

vor•schlagen* to suggest (schlägt . . . vor), schlug . . . vor, vorgeschlagen

vorsichtig careful

der **Vorsitzende** (adj. noun) chairman

wackelig shaky

wählen to elect

das **Wahrzeichen, –** symbol (most famous landmark)

die **Waise, –n** orphan

die **Wanderung, –en** hike

warm warm

aufs **Wärmste** most warmly, most heartily

warnen vor (+ *dat.*) to warn about

wechseln to change

weg•schnappen to buy (lit.: snatch) right out from under someone's nose

weiblich feminine

die **Weihnachtsferien** (pl.) Christmas vacation

das **Weihnachtsgeschenk, –e** Christmas present

die **Weihnachtskarte, –n** Christmas card

weiter•studieren to stay in college

weltberühmt world-famous

weltweit worldwide

wertvoll valuable

der **Wetterbericht, –e** weather report

wieder erkennen* to recognize erkannte wieder, wieder erkannt

der **Wille, –ns, –n** will

beim besten **Willen** try as (I) may

die **Wirtschaft, –en** economy

Wladiwostok Vladivostok (Russia)

das **Wochenende, –n** weekend

wohltemperiert at just the right temperature

das **Wohnheim, –e** dorm(itory)

sich **wundern** to be surprised

der **Wunsch, –̈e** wish

der **Würfel, –** cube

würzen to spice

zäh tough

zahlreich numerous

zerdrücken to mash, crush

zerkleinern to chop up, mince

zerquetschen to crush

ziehen* to move; to pull; to steep, simmer zog, ist gezogen

zigmal umpteen times

der **Zimmergenosse, –n, –n** roommate

die **Zinsen** (pl.) interest (rate)

die **Zitronenschale, –n** lemon peel

der **Zucker** sugar

zufällig by chance

zu•hören to listen

die **Zukunft** future

zu•machen to close

zu•nähen to sew closed

zurück•kehren (s) to return

zurück•lassen* to leave behind, forget (lässt . . . zurück), ließ . . . zurück, zurückgelassen

sich **zurück•ziehen*** to withdraw, leave (one's guests to themselves) zog sich zurück, hat sich zurückgezogen

zuverlässig reliable

die **Zwiebel, –n** onion

der **Zwilling, –e** twin

Board (isLegal, anotherPlayIsPossible

Tens
Board

Eleuens Board
  ards []
  Deck deck
  Hinn boardsize

    size ();
    numUndealt();
    deal ();
    cardAt ()

    B Empty

    genre isbranch

    Replace

Thirteens
Board